可复制的运营力

运营人指数级成长之路

刘颖斐 著

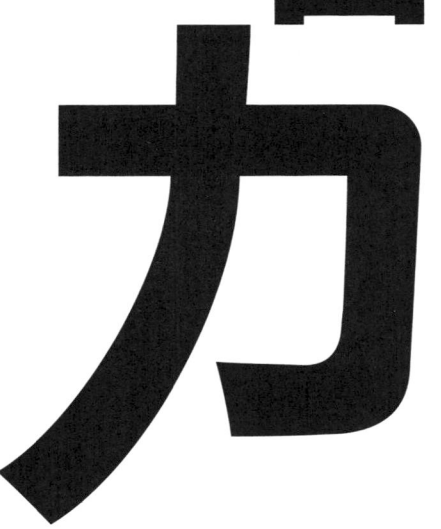

电子工业出版社
Publishing House of Electronics Industry
北京·BEIJING

未经许可，不得以任何方式复制或抄袭本书之部分或全部内容。
版权所有，侵权必究。

图书在版编目（CIP）数据

可复制的运营力：运营人指数级成长之路 / 刘颖斐著. —北京：电子工业出版社，2022.6
ISBN 978-7-121-43584-3

Ⅰ．①可… Ⅱ．①刘… Ⅲ．①企业经营管理－研究 Ⅳ．①F272.3

中国版本图书馆 CIP 数据核字（2022）第 089995 号

责任编辑：黄　菲　　　文字编辑：王欣怡　刘　甜
印　　刷：三河市鑫金马印装有限公司
装　　订：三河市鑫金马印装有限公司
出版发行：电子工业出版社
　　　　　北京市海淀区万寿路 173 信箱　　邮编：100036
开　　本：720×1000　1/16　印张：17.75　字数：245 千字
版　　次：2022 年 6 月第 1 版
印　　次：2022 年 6 月第 1 次印刷
定　　价：75.00 元

凡所购买电子工业出版社图书有缺损问题，请向购买书店调换。若书店售缺，请与本社发行部联系，联系及邮购电话：(010) 88254888，88258888。
质量投诉请发邮件至 zlts@phei.com.cn，盗版侵权举报请发邮件至 dbqq@phei.com.cn。
本书咨询联系方式：424710364（QQ）。

目录
Contents

开篇　从全职宝妈到网易资深运营

不是"985"和"211"院校的毕业生就找不到好工作了吗
　　——中国不止三百六十行，赛道有很多　/2

普通人如何逆袭：零基础自学转行　/4

人生有无限的想象空间：从读者到作者，从学员到技能等级
　　认定标准制定参与者　/7

上篇　运营的底层逻辑与基本功

第一章
行内人的视野：如何零基础做运营

运营的底层逻辑：有目标、有依据、有行动、有反馈、有迭代　/11

赛道与定位：JD 拆解与 P/M 线选择　/14

"运营"是在运营什么　/21

如何让自己"值"钱　/30

面试与被面试案例：STAR 法则、SBO 行为面试　/39

运营人终极进阶：实现商业价值　/52

第二章
57 运营硬技能与软技能

流量的道与术：从流量到留量，从漏斗到梯形 /57

种子用户的获取：用户在哪里，我就去哪里 /63

用户分层与用户增长：AARRR、RFM 模型 /65

文案=说人话≠写作文 /70

活动的策划、执行与复盘 /75

数据分析驱动业务增长：N 倍增长模型 /81

绩效管理与绩效目标制定 /95

职场高效沟通与商务谈判技巧 /100

中篇　运营的主阵地

第三章
114 社群运营：拉新—建群—活跃—转化—裂变

社群的定位：到底要不要做社群 /115

企业微信与个人微信的区别 /121

人设与 IP：像经营一个品牌一样经营自己 /123

社群运营五步法 /128

裂变的 8 种玩法：3 天裂变 10000 多个用户的活动拆解 /136

社群成交与发售：一对一成交，一对多成交 /138

第四章
147　图文新媒体运营：爆款内容的方法论

账号定位与框架搭建　/148

公众号与小红书图文排版技巧　/154

选题、标题、文章类型与写作结构　/158

不花钱的涨粉方式　/162

公众号、小红书的投放与变现模式　/165

公众号案例　/169

小红书案例　/176

第五章
181　短视频和直播：电商新常态

平台规则与流量推荐机制　/181

短视频拍摄与制作：一条短视频是怎么做出来的　/186

采访拥有5000万个粉丝的MCN机构的商务负责人和拥有
　　600万个粉丝的短视频账号的运营者　/194

直播间场景搭建、脚本撰写、营销技巧　/200

直播团队的人员配置　/207

供应链与选品策略　/211

苏宁前电商专家乡谣、天猫前电商专家达志的分享　/216

下篇　运营实战案例拆解

第六章
225　线上活动案例拆解

公众号裂变：图书+线上课0成本涨粉5000个　/225

理财知识付费案例：30%转化率的 1 元理财体验营 /229

公开课案例：读书会付费公开课、PPT 免费公开课 /232

社群案例：《爆款文案》千人社群共读 /239

教培案例："双 11" 的案例拆解 /241

企业内训案例：一次给全体员工发邮件的 6·18 活动 /243

第七章
246 线下活动案例拆解

书友见面会案例：0 经验如何组织百人线下活动 /247

跨城市组织新书签售会案例：《从零开始做运营 2》
　　《影响力变现》 /249

行业大会案例：社群营销大会、运营深度精选 3 周年
　　杭州站的活动 /253

技能培训招生案例：3 个多月完成百万元营收的 MVP /255

线下门店案例：扭亏为盈的读书馆 /258

失败活动与大型活动的危机处理案例 /260

后记
265 成长

开篇

从全职宝妈到网易资深运营

不是"985"和"211"院校的毕业生就找不到好工作了吗
——中国不止三百六十行，赛道有很多

自互联网诞生以来，凡是以互联网为基础设置、构建的商业模式，几乎都离不开三个要素：产品、流量、变现。

大家好！我是作者斐斐，一个非"985"和"211"院校毕业的普通本科生。曾经没有一技之长，也没有任何人脉和资源，还当过一年的全职妈妈，后来通过自学转入互联网行业，目前在网易就职。

我在网易从事过新媒体内容运营、图书电商用户增长运营、网易蜗牛读书社群运营等工作，现在负责职业技能等级认定项目。我经常接触到比我当年优秀很多的本科生、研究生用户，他们表示自己的学校、专业不是很有竞争力，担心一毕业就失业。我也会遇到一些合作方表示创业艰难、流量增长难、变现难。大家都对未来感到迷茫。

其实，每个人都会有迷茫的时刻，不过迷茫之后还是要想办法做点什么来破除焦虑。因为我也曾跌落到谷底，也曾被人帮助过，所以希望自己也可以帮助别人，这是我写这本书的初衷。我在书中会聊到大量自己操盘过的案例，介绍一些沉淀下来的方法论和技巧，希望可以对读者有一些小小的启发，当然，我所涉及的领域并不限于互联网行业。

我先给大家分享一组数据。我们原来说"三百六十行，行行出状元"，事实上，中国职业分类（2015年）有8个大类、75个中类、434个小类、1481个职业。如果觉得自己所学的专业实在不好就业，或者说目前想转行，但没有一技之长，我们可以通过学习换一个"赛道"。因为随着社会的发展，越来越多的新型岗位涌现，其中有很多学校里教的知识不涉及的岗位。面对一个互联网运营岗，你学中医和学法律是一样的，专业都不对口，但是如果你自己做项目的经验匹配，那么就业完全不成问题。我有一位在某头部互联网企业工作的朋友，其在攻读学士和硕士学位期间的专业都是中医，后来转行做互联网相关工作，他有时一边帮同事把脉一边写策划案。

我再分享几个身边有意思的职业给大家。我的朋友A，是一位年近40岁的女性，学历并不高，她从30岁开始入行茶圈，考了茶艺师、考评员、评茶员，现在每月6000元的底薪，一次课的课时费将近1000元，很多学员还会找她买茶叶，这样，加上销售茶叶的提成，她一年有70万元左右的收入。

我的朋友B，原来是一位公交车司机，后来在考证的时候认识了某学校的校长，于是开始兼职做招生代理。他买了几辆电动车放到杭州人流量最大的地铁口，然后在电瓶车上面打广告招生，仅在2021年就创造了50多万元的收入，之后搭建了自己的小团队，现在已经辞去了公交车司机的工作，如今的他1个月就可以赚到过去1年的收入。

还有一位朋友C，是全职宝妈，因为产后胖了很多，就开始一边减肥，一边录制短视频，没想到收获了几百万个"粉丝"，于是她一边做健身教练，一边直播带货。她现在已经在深圳买了房，并成立了自己的工作室。

我在做技能培训活动时遇到了一位咖啡师——20多岁就被评选为杭州E类人才。他就读于职业院校，18岁开始打比赛，非常努力，拿了很多国内外奖项，在行业里小有名气，现在服务于一些五星级酒店。他会制作一些与咖啡知识、拉花技巧相关的短视频发到平台上，偶尔也出来授课，还有明星经常指定要他服务。他也已经实现买房买车的小目标了。

这几位朋友的起点都不算很高，甚至其中几位是"半路出家"的，但都通过自己的摸索和努力找到了适合自己的职业道路，还或多或少地运用了互联网引流、文案、内容、转化、社群运营的技巧。所以说，互联网行业并不是一个高不可攀的行业。除了求职，一些互联网的思维模式也可以运用到生活和创业中。

我大学学的是电子商务，毕业的时候非常想去杭州某头部电商企业工作，投了几次简历都石沉大海，后来经人介绍进了一家创业公司做行政助理，每月底薪是 3500 元。当时正好是公众号的风口，有一位朋友是做公众号外包的，问我要不要试试做兼职，酬劳为 100 元/篇。我想也没想就接下来了。因为这个兼职，我成为公司里第一个会运营公众号的人，于是我提议公司也开通公众号。老板觉得不错，就给了我这个机会，当时刚好成立的分公司需要这个业务，于是就让我去分公司做运营总监了。

然而，这个工作并没有什么不可替代性，在休完产假后，我失业了。

在这段低谷期，我因为哺乳造成睡眠不足，引发长期失眠，产后体重增长到 190 斤，再加上失业的打击，我患上了产后抑郁症。

普通人如何逆袭：零基础自学转行

我开始一边治疗一边运动，也开始通过网课自学一些技能，比如 PS 和 AI 怎么操作、公众号怎么排版更美观。一边哺乳一边戴着耳机听课成了常态，等宝宝睡着了我就抓紧时间做作业。在宝宝 10 个月大的时候，我决定给她断奶，开始把全部心思投入到找工作中。

我问了自己 3 个问题：做什么有前途？我能做吗？大公司要什么样的人？

我当时的想法是：互联网、运营、新媒体有前途，且比金融行业门槛低，我擅长写作，所以我可以自己做一个公众号为我的简历做支撑。大公司要的是肯干活、有经验、能给公司创造价值的人。

这样，目标就明确了——我需要掌握相关的技能，因此适合去小公司通过多做项目来积累经验。

我花半个月看遍了各大招聘平台，了解了热门岗位对哪些技能有要求，然后一一记下来，继续学习。最后，我选择了一家教培机构，因为在那里我可以学到更多的知识，并且不需要额外投入费用，哪怕工资低一点，就当是对自己的一种投资了。

我准备了一个公众号，开始发布一些制作宝宝辅食的教程。在将这些内容同步到小红书上后，公众号有了 100 多人次的阅读量，新增了 20 个粉丝，而小红书单条有了 6000 人次的阅读量，有了 40 个粉丝。我拿着这个案例去面试，然后成功入职。其实很多朋友会进入一个误区，觉得要做到有好几万个粉丝才有用，而且认为现在已经错过自媒体的风口了。其实不然。如今，拥有几万个粉丝的 KOC（Key Opinion Consumer，关键意见消费者）完全可以自己养活自己。那些开 4000~6000 元月薪就想找有"10 万+"人次阅读量作品的求职者的公司也往往是在搞笑（我真的遇到过，月薪 6000 元且单休，招聘要求需有 10 万人次以上阅读量的作品）。所以，我们可以通过一些个人账号来锻炼自己，也可以"曲线救国"——先去创业公司积累项目经验，再尝试进入大公司。

在进入新公司后，我一边快节奏地工作，一边继续学习。每当公司有培训，我都会带着笔记本躲在角落一边干活一边听，同时抓住每一次外出培训的机会。我学习了社群运营、短视频运营、怎么写课及怎么写软文，养成了每天收集热点的习惯。在做项目期间，最忙的时候我连续两个月没有在凌晨两点前睡过觉（当然不提倡大家这样，健康第一，后来我得了胆结石，做了手术），但也实实在在做出了一些数据漂亮的成绩，比如在一次"双11"的发售活动中，我们团队实现了220万元的销售额，这在传统教育行业中是很不容易的。

那一年春节前看到网易的一个在线教育方向的部门在招聘，我就投了简历。我并不是抱着试试看的心态投的，对于每一条岗位职责及要求，我都认真看了很久，然后对应我的方法论、项目经验及一些数据，按照招聘需求，遵循STAR法则写了简历，并认认真真附上了可匹配的每一个项目、每一场活动、每一张海报。很快，我接到了面试电话，聊了一个多小时。对方仔细询问了我的经历，重点问了一些项目的数据和细节。然后，我得到了面试的机会。在经过了总共5轮的电话沟通+面试后，我在年前放弃了年终奖，进入了这个"大厂"。从产后找工作到半年后入职网易不过一年时间。比起漫长的人生，一时的困难不足以为道，却是那么的重要。

我在网易的一位同事，最早是行政岗员工，拿几千元的固定月薪，通过两年的努力转到运营岗，并一步步升到了管理层，后来跳槽到另一家头部互联网公司做中层管理，年收入超过了50万元。有时候，目标可能有点远，但是我们可以分几步走。学习和成长是一件可持续的事情。

入职网易后，我因为有在创业公司积累的裂变经验和讲师资源，迅速做出了一些成绩，而后发起了"网易社群读书会"（后更名为"网易蜗牛读书会"）这个项目。之后陆续有很多合作方来找我合作。在一次由我主办的门票为 1000 元/张的大会上，我竟然遇到了前老板和前前公司的总经理。

我愈发体会到一个道理：每个人都会遇到困难，当我们遇到困难的时候，要想办法解决，然后一边蛰伏一边等待，这样当机会来临的时候才能牢牢地把握住，快速成长，迎接自己的"高光时刻"。

人生有无限的想象空间：从读者到作者，从学员到技能等级认定标准制定参与者

我在这里要感谢几位在刚刚做"网易蜗牛读书会"项目时给予我许多帮助的作者：感谢《引爆微信群》的作者老壹老师耐心地指导我如何做读书会项目，还邀请我去活动现场，帮我发布活动；感谢《爆款文案》的作者关键明老师在项目初期帮忙宣传；感谢秋叶老师来读书会做分享；感谢《运营笔记》的作者类类老师和鉴峰老师邀请我一起联合主办运营深度精选 3 周年杭州站的活动；感谢《影响力变现》的作者徐悦佳老师邀请我一起举办深圳书友见面会；感谢网易蜗牛读书馆张兴馆长对我做活动的支持与帮助——我出书也是馆长鼓励我的，并帮我联系了出版社，真的非常幸运能遇到这么好的同事；感谢我的领导李宝泉老师和事业部总经理饭团君对我的业务的支持，他们还给了我很多内部培训的机会，让我从业务岗向管理岗转型。

我开始自学写作的时候就买了关键明老师的《爆款文案》，学习运营的时候买了亮哥的《从零开始做运营》和类类老师的《运营笔记》，还买过老壹老师、秋叶老师的线上课。以前，我从没想过有一天能和这些大咖合作。

在我们的社群模式成熟后，陆续有企业来找我们做企业内训，包括中国移动、湘财证券、上汽集团、苏州银行等企业。一些原本我觉得够都够不着的人，现在竟然与我有业务往来了。我觉得，人生这场马拉松由一段一段的冲刺组成，平凡应是常态，也许我们当下正处于低谷，会觉得沮丧，但只要不断学习和阅读，坚持"搞事情"，就一定会成为更优秀的自己。

在 3 年的时间里，我从一个业务"小白"成长为项目负责人；有幸签约了电子工业出版社出书；成为浙江省培训师协会认证的高级企业培训师、互联网营销师（二级）技师；成功申请了人力资源和社会保障局委托的职业技能等级认证试点；参与了公司内部专家团队的建设和内容研发。这是我在 3 年前根本想象不到的。

我们无法选择出身，有的人生下来就拿了一副王炸的好牌，有的人拿到的却是烂牌。我们可以选择放弃，也可以选择把烂牌打完。若我们能把烂牌打赢，岂不是更有成就感？人的一生就是会遇到一个又一个困难，解决了一个问题又会出现一个新的问题，但要相信办法总比困难多。每一次赤手空拳地迎难而上，练就的都是扎扎实实的真本事。

我曾一无所有，无数次被打倒，在深夜崩溃大哭，但我没有放弃，而是每天都在想如何让自己变强。

你也一定可以！

上篇

运营的底层逻辑与基本功

第一章

行内人的视野：如何零基础做运营

在聊运营前，我们先来揭开互联网的神秘面纱：互联网总是倾向于把零散、分散的市场圈成单一大市场，以此来聚拢用户、消除信息不对称，在提高行业的效率后整合供应链和需求方，用技术手段实现个性化的供需匹配。

互联网业务流程往往分为四个阶段，如图1-1所示。

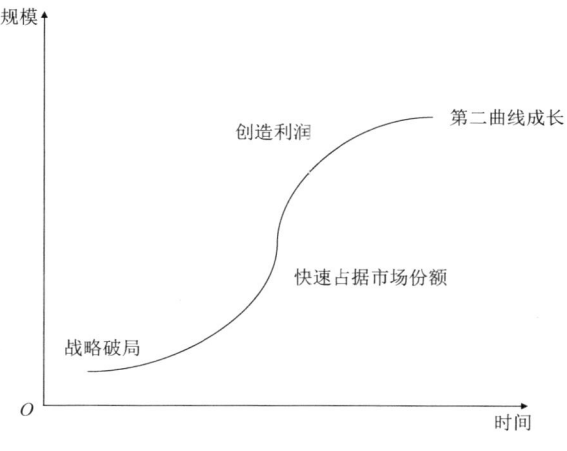

图1-1　互联网业务流程的四个阶段

（1）战略破局：通过分析市场确定切入点与定位，用一个 MVP（最小可行模型）来跑通商业模式，验证方法论、拿下市场，并配套团队，进行模式复制、规模化。

（2）快速占据市场份额：投入资源，在最短时间内建立壁垒。

（3）创造利润：占有领先份额后探索更多的变现模式。

（4）第二曲线成长：在现有用户、渠道等资源基础上实现二次增长。

互联网产品几乎是没有中间状态的，要么快速做大，要么做"凉"。因为"快"，所以需要大量高效、有创新思维的人才参与运营，这也给我们带来了很多机会与挑战。

接下来，我们开始聊聊运营人的成长之路与互联网行业里的一些实操案例。

运营的底层逻辑：有目标、有依据、有行动、有反馈、有迭代

人们常说好运营难招，这是因为很多人没有掌握做事情的底层逻辑，而是想到哪儿做到哪儿，且没有反馈。对此，我分享一个运营人做事需要掌握的闭环思维：有目标、有依据、有行动、有反馈、有迭代。

举个例子，马上到春节了，某在线教育公司的部门主管告诉小 A 和小 B 公司要搞年终活动，让大家出方案。小 A 闷头在键盘上一阵噼里啪啦，熬夜加班赶出了"年末大放送"活动，拉了 100 多个用户进群，送了一堆奖品，然后在群里丢了一个课程的链接。等活动结束后，小 A

说，这次活动效果不错，有100多人进群了，群里很热闹。

小 B 则是先在内部聊天软件上向主管确认这次活动是希望做拉新还是希望做成交。待主管回复"主要目的是拉新，有成交更好"后，小 B 看了公司组织的往期活动，发现通过公众号送免费课和阶梯式地发放实物奖励效果更好——每次可以实现 1000~3000 人的拉新。于是小 B 就策划了"解锁新春编程拜年新姿势"的活动，用户只要邀请3个好友关注公众号就可以解锁编程课，还可以教用户做出新春电子贺卡，而且邀请好友数排前 10 名的用户可以拿到乐高玩具。通过这次活动，小 B 拉新近 4000 人。等活动结束后，小 B 又设计了给完成任务的用户发正价课优惠券的环节，进而促成了 200 多单正价课的销售。

小 B 的复盘报告是这样的：本次活动的目标为拉新 3000 人（有目标）；往期平均拉新参考数据为 2400 人（有依据）；实际筹备期为 3 天，物料为带追踪码的课程链接及裂变海报工具、10 套乐高奖品，裂变期为 3 天，在公众号和往期活动群进行了海报投放（有行动）；最后拉新 4000 人，留存 3600 人，转化正价课 200 多单，转化率约为 5.6%（有反馈）；活动准备时间仓促，奖品来不及采购，只能在节后发放，建议今后提前两周准备活动，而鉴于转化率未到 10%，计划下次活动换一个主题并增加群内互动，此外，建议下次尝试在渠道进行活动投放，加大曝光（有迭代），验证该活动是否可周期性开展。

看了这个案例，假设你是项目负责人，你想培养谁呢？

在实际的生活和工作中，很多人经常连要做什么事情都不明确，就开始埋头苦干了，但无效的努力只会不断消耗自己。如果你很努力，但是没有结果，或者说结果不是老板想要的，那又有什么用呢？即便做了，也不知道自己到底做得好不好。我们可以做得不好，但是要知道问题出在哪里，怎样才能做好，进而验证一个模型，并使其在未来快速扩大。

我带过的不少实习生都毕业于不错的学校，其中有一位还是在读研究生（学历比我高）。他们多多少少会有"学生思维"，往往有"我是来学习的"或者"这个我没有学过"的想法。然而当开始工作后，我们就一定要牢记一件事：老板做企业的目的是赚钱，聘用你的目的是用钱换取你的时间、技术和资源。关于学习这件事情，你要自己想办法快速上手，同时保持学习状态，以确保可以跟得上趋势，并能解决困难、创造价值。走出学校后，我们都要学会面对现实，脚踏实地，从而为企业创造更大的价值、提升个人价值。

希望大家在工作上可以成为一个"靠谱"的人，也就是人们常说的"凡事有交代、件件有着落、事事有回音"，思维方式也要从"我不会、我做不到"转变成"我如何可以学会，我如何可以做到"。

我非常喜欢的一部励志电影《当幸福来敲门》是根据真实事件改编的，男主角在非常落魄的时候看到光鲜亮丽的股票经纪人，于是从自问"我如何可以像他们一样"到去面试做实习生，并从 20 个实习生中脱颖而出，顺利转正，最后成立了自己的公司。可见，人从什么时候开始努力都不晚。

电影中有两句话鼓舞我至今——

- 我如何做才可以像他们一样优秀？
- 不要让任何人定义你的人生，包括你的父母。

在我刚毕业的时候，有一次路过时代大道高架桥看到网易，我想：我如何做才能去这么气派的楼里工作？

当第一次和高管同事吃饭时，我想：我如何做才能像他们一样优秀且自信？

在我小时候，当父母打击我时，我想：我如何做才能早日经济独立，不再总是被否定？

当业务遇到困难时，我想：我如何做才能解决困难，完成任务？

究竟如何做才可以过得精彩？生命不息，折腾不止。

赛道与定位：JD 拆解与 P/M 线选择

你还记得学生时代的梦想吗？

上幼儿园的时候，我的梦想是成为一个浪迹天涯的武林高手，劫富济贫。后来，我发现我找不到可以拜师的绝世高手。于是我放弃了第一个梦想。上小学的时候，我的梦想是成为一个厨师，当时家门口有一个摆摊卖羊肉串的大叔，我非常羡慕他。但出于种种原因我的第二个梦想也夭折了。等到大学毕业，我说我的梦想是年薪要超过 100000 元。毕业后我的第一份工作月薪 3500 元，之后涨到 5000 元、8000 元。在毕业后的第二年，我实现了年薪超过 100000 元的目标，当时还沾沾自喜。

后来当我看到短视频平台上很火的博主凌云时，我才知道什么是"女侠"，既有一身好武艺，又能传播非遗文化，还不用为生计发愁。

有一位我非常喜欢的甜品师大尼，最早她只是通过朋友推荐在微信上卖蛋糕，后来学习了制作法式甜品，并且参加了《十二道锋味》节目，成了网红甜品师，在杭州开了好几家实体店。如今，她的店已经成为杭州非常有名的网红甜品店了。

至此，我才明白，我的那些想法其实都不算梦想，顶多算一个小目标。我不知道自己要选择什么行业、什么岗位，怎么精进自己的技能、提升自己的竞争力，怎么规划未来的3～5年。那时候信息来源还不像现在这么多，我可以接触的资讯大都来源于父母、老师和同学，或者书本、电影和一些网络论坛，毕业后的前两年里，我的学习状态可以说是停滞的，甚至一年都很少能看完一本书。不读书、不看报，我甚至觉得自己丧失了独立思考的能力。尤其在我做全职妈妈的时候，我意识到自己没有任何竞争力了，并为此感到非常焦虑。

在那段时间，我关注了一些微博博主，也关注了一些育儿的公众号和小红书账号。有一天，我看到一位博主发了一个关于大家平时怎么提升自己的帖子，下面有一条热门评论是"我关注了一个公众号可以免费学习PS"。出于好奇，我搜索了那个公众号，然后参加了一期免费课，学会了用PS做一张非常简单的海报。那时刚好他们在开一个寒假训练营，学费300多元，于是我就报名了。当时我还不知道那就是"知识付费"。几年后，我认识了这个公众号"一周进步"的创始人珞珈老师。珞珈老师是一位PPT大神、优秀的创业者、增长高手。我后来在一次去广州出差的时候拜访了珞珈老师，还谈成了业务合作。

在参加寒假训练营的时候，听了写过10万多人次阅读量文章的公众号运营者张荆棘老师的分享，受其启发，我开通了自己的公众号，开始尝试写文章。我阅读了同类型公众号的30多篇文章，写了5个多小时，终于发布了人生中的第一篇公众号文章《无烤箱怎么做婴儿辅食蛋黄溶豆》，并转发到朋友圈，在0粉丝的情况下收获了200多人次的阅读量。我又把文章重新排版发到了小红书上，有了6000多人次的阅读量，还有50个人发私信向我提问。我有了前所未有的成就感。

于是，我明确了进入互联网行业的想法，并决定从新媒体运营开始。

这是我入行的契机，从关注一个博主、一个公众号，到尝试写一篇文章。我开始买一些写作书和与新媒体相关的课程，持续学习。后来，我写出了10000多人次阅读量的文章，有了成百上千名学员，累计做了几千人的线下培训，实实在在地为企业创造了收入、给用户提供了帮助，还帮助一些学员找到了满意的工作。

梦想应该是让人充满热情的，无论大小。

同时我还发现，人生根本不像爸妈说的"考上大学就好了"，大学毕业才是真正的开端。一般来说，人与人之间的差距在大学刚毕业时并不是很大，而是在工作后的持续学习中慢慢拉开的。

但是，学习这件事，什么时候开始都不晚。你的未来，是由每一个今天构成的。从电子商务专业到新媒体运营、内容运营、用户增长运营，以及从社群运营到独立负责项目，这些我在上学时没有学过的东西，都在我的慢慢摸索中变成了赖以生存的本领和竞争力，并通过不断实操成为我的经验。

现在，睁开眼睛后的每一天都是未知的，一切都是惊喜，因为我学会了学习。

如果你感到迷茫和焦虑，不如停下来调整一下节奏。你可以多接触一些资讯，看看行业报告，看看国家发布的新闻和政策，了解一下哪些行业前景不错、哪些独角兽公司又拿到了融资；也可以逛逛招聘网站，看看哪些岗位缺口大且待遇丰厚。先多方了解，找到自己感兴趣的，然后发掘自己真正热爱的事业——兴趣和热爱能使自己走得长远。

我分享给大家几个很有意思的职业：停车位画师、宠物驯养师（培养宠物习惯）、闻屁师（通过屁的气味来诊断身体状况）、整理师、剧本杀编剧、桌游设计师、卡路里规划师。

这里我也分享一些自己平时获取资讯的渠道。

行业报告：艾瑞网、艾媒网、36氪。

互联网"吃瓜"：脉脉、知乎。

招聘信息：头部互联网公司招聘网站、拉勾、人社局官网。

知识学习：哔哩哔哩、公众号。

此外，我也会买一些网课，寻找机会去认识一些行业大咖，可以做朋友也可以做师徒；上大学的时候我总喜欢看综艺节目，现在改看纪录片了；还有一件非常重要的事，就是阅读，我每周读一本书，已经坚持了3年。

在获取了更多的资讯、认识了更多的人以后，就可以单点突破了。我们可以先从"一字型"人才开始，即有一门"手艺"或者技能（如新媒体写作），并找到相关的工作，之后再转型成"T字型"人才，也就是拥有一个过硬的技能和多个相关技能（如现在很火的短视频从业者，除拍摄和剪辑外，对脚本文案、广告、创意、活动和用户运营都要懂一些）。

互联网大厂的人才一般分属两个方向：P（专业）线和M（管理）线。

我的领导李宝泉老师是哈尔滨工业大学毕业的研究生，毕业后入职的第一家公司是UT斯达康（小灵通），岗位是程序员。这在当时的杭州可以说是非常不错的岗位，可惜后来小灵通停产了。所幸他进入网易，从程序员自学转行做了产品经理，打造了"网易蜗牛读书"这个产品，还组建了千万粉丝短视频矩阵账号团队。他的经历就是标准的教科书式的从P线到M线的发展。

我们的日常配合是非常愉快的，他主要负责和我一起制定全年度的业绩指标，每个季度考核一次，并帮我把控大的方向和风险，对细枝末节的事情从不过问。他经常对我说的话就是：你评估一下能不能完成年初定的目标，这个业务能不能规模化。所以，在网易工作，我常常有一种在大公司拿着工资创业的感觉，既有安全感，又有很大的发挥空间，还常常被鼓励。李宝泉老师对我的帮助主要体现在三个方面：系统化思维、管理、做预算。这三个方面都是我的弱项。对此，一开始甚至有点排斥，但在他的潜移默化和慢慢引导下，我不仅学会了，还开始教给我的团队成员。

我的一位做设计的同事，最早只是兼职，后来通过自己的努力在这个领域一路深耕，拿了很多国内外设计奖项，如今已经入职网易，成为P线专家级人才。

关于P线和M线两种人才方向，我们也可以这样理解：你是想在某个技术领域深耕，成为"扫地僧"那样的专业大神，还是想做一个管理者（你可以自己不干活，但是你得会分活，要知道你团队里的人"行不行"，并且对战略方向和结果负责）。

不管是哪条线，只要能成为这个行业里的前20%，就是非常优秀的人才了。接下来我们通过JD（Job Description，职位描述）来看看企业对P线人才和M线人才的不同要求。

下面先来看一个教育行业的P线的岗位，如图1-2所示。我们通过职位描述可以了解这个岗位的日常工作和考核指标：以销售为结果导向的活动运营能力是最关键的指标，同时需要以用户体验为导向的用户运营能力，基本要求是具有沟通、汇报及解决问题的能力。这个岗位要求并不高，只要自己尝试做几次活动就可以掌握这三种能力。

我们再看职位要求。

（1）硬性条件是"本科及以上学历"和"有教育课程销售经验"，"本科及以上学历"是硬门槛，而"有教育课程销售经验"就比较容易具备了，因为现在很多知识付费平台都有分销的功能，我们在无法找到对口工作的时候，可以去分销平台上选择成熟的课程进行分销，积累经验并争取拿到一些好看的数据。

（2）基本条件是沟通能力，这是可以通过学习技巧和练习来提高的。

职位描述

- 运营课程社群，提升用户出勤率及转化率。
- 建立有效运营体系与粉丝良好互动，提升用户黏性，增加粉丝留存及数量。
- 负责社群组建及运营（含裂变、活动策划和执行）。
- 分析用户需求，制订社群引流和转化方案，完成增长和转化目标。
- 负责对学员档案资料及合同进行管理，协助排课、调课，跟进教学进度。
- 按公司工作汇报标准，定期向上级进行工作汇报。

职位要求

- 本科及以上学历，一年以上相关经验优先，有会计职称者优先。
- 亲和力强，执行力强，稳定性强，有教育课程销售经验。
- 工作认真负责，热爱教育事业，有较强的沟通协调能力和服务意识。

图 1-2　某 P 线岗位的职位描述与职位要求示例

总体来讲，这是一个以课程销售和用户运营为考核指标的岗位，需要具备活动运营和用户运营能力、沟通协调能力、执行力及抗压力。

下面再来看一个总监级别的 M 线岗位，如图 1-3 所示。简单来讲，这是一个需要带团队以低成本获客和实现用户增长的管理岗位。其职位要求就比较高了，要去大规模获客、迭代产品方案，了解行业的最新资讯和玩法，还要有自己成功的案例且能带团队。这个岗位对应的 KPI（Key Performance

Indicator，关键绩效指标）往往是一个非常大的数字，不是一个人可以完成的，要有一套完整的方法论。这就需要有一定的积累了，对于商务、产品、用户、策略制定、团队搭建和管理等方面的能力都有要求。

职位描述
- 搭建团队，负责在线教育业务的用户增长和低成本获客工作。
- 对数据敏感，发现新的产品增长点或改进点，并提出切实可行的方案。
- 关注行业增长策略，达成增长目标。
- 对私域、社交流量、短视频等增长玩法熟悉，有成功案例，能实现大规模低成本获客，并对转化路径熟悉。
- 成熟的团队管理经验，可以搭建高执行力的增长团队。

职位要求
- 本科及以上学历，2年以上增长团队管理经验或5年以上市场推广团队管理经验。
- 有强烈的好奇心和学习能力，对于各种流量获取方式保持敏感，持续探索获客红利。
- 善于沟通，有责任心，有较强的项目推动能力及抗压能力。

图 1-3　某 M 线岗位的职位描述与职位要求示例

看了以上两个示例，我们就大概了解"搬砖人"和"包工头"的区别了。互联网行业的人经常开玩笑说"吃个外卖，继续搬砖"，而当你搬砖搬得又快又好后，就得知道怎么安排水泥工和电工，学会评估整个项目的进度、完工日期和效果，要考虑万一进度赶不上怎么办、万一任务完成得不行导致不能交付怎么办，还要去跟开发商争取资源和支持，最后还要分好钱，只有这样才能当好"包工头"。

如果有人想走 M 线，可以重点学习一下管理知识，也可以去考个 PMP（项目管理）专业人员资格认证证书。我请教过我的领导李宝泉老师，他分享了一个观点：管理是可以学的，就像游泳和骑自行车一样，学会了就是会了。

关于管理，我在自己带团队后也有一些小感悟：一是我们不可能什么事情都亲力亲为，要想办法把人带起来，多沟通，经常交换信息，把目标对齐然后下放权力，把握整体风险即可；二是推功揽过，既要多鼓励团队成员，又不能怕"背锅"，权力越大责任越大；三是要发掘团队成员的潜力，给他们匹配合适的资源，一起把一摊子事情做起来。

"运营"是在运营什么

互联网行业不同于传统行业的岗位主要有：技术（前端、开发、测试）、产品经理、运营、视觉设计。

对于技术岗来说，门槛是很明确的：要会写代码、有相关技能、发表过学术作品、参与过项目。

产品经理的日常工作是需求收集、需求分析、需求落地、项目跟踪、项目上线、数据跟踪、与运营对接，协助运营、销售、客服等开展工作。产品经理还要有产品分析报告或者自己之前负责过的产品。零经验的人可以通过作品、作业来展示大致水平。

运营岗包括用户运营、活动运营、内容运营、新媒体运营、短视频运营、社群运营。我们很难通过一个作品来判断一个人的能力，只能以其往期的工作经验、运营过的产品和项目的数据作为参考。有人开玩笑说运营岗的门槛越来越低了，但是当一个岗位的门槛低的时候也就意味着会有大量的人竞争。没有门槛才是最高的门槛，因为没有门槛就意味着和岗位相关的技能和知识都要懂，且能熟练运用。

我以前常听老师讲"木桶理论"：木桶是由一块块木板组成的，装水的多少取决于最短的那块木板。于是老师会告诉偏科的学生："你看你的数学已经能考 130 分了，再提高 10 分多难啊，你英语才 70 分，提高 10 分不是很容易吗？所以你应该把精力花在英语上。"但是在职场，"偏科生"更容易成为专家型人才，即"T 字型"人才更受青睐。"T 字型"人才就是指有"一专多项"，即不仅有一个特长技能，还有多个与之相关的技能。比如，你是新媒体运营，你最擅长的是写文案，但你也会一点 PS，还会一点数据分析。假如你是社群运营，你就要掌握用户运营、活动运营、内容运营的技能。因为你既要在社群里做活动，又要有优质的内容输出，还要和用户产生良好的互动以提升留存率和转化率。职场中的"T 字型"人才如图 1-4 所示。

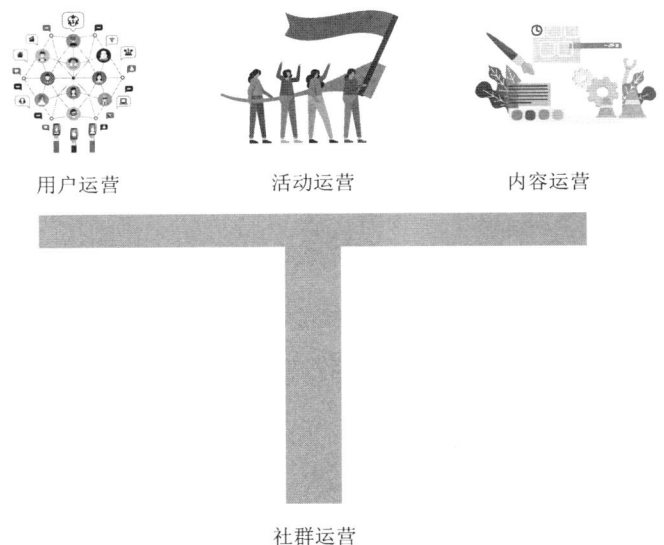

图 1-4 职场中的"T 字型"人才

在职场中，"偏科生"更容易在某个领域中具有不可替代性。如果你现在没有一技之长，那么可以趁年轻多试错，找到自己擅长且喜欢的方向去深耕。不必拿自己的短板去和别人的长板比，只要把最强的一个板块做到极致，那么偏弱的方面是可以忽略的。比如，你是一个程序员，你的技术能力非常强，那么你的沟通能力弱一点也没关系；你是一个文字功底特别强的内容运营，那么即使你不会 PS，也不用特别去学，招个设计或者把这项工作外包出去就可以了，当然如果你自己对这个感兴趣则可以学习一下。我其实不太赞同什么都学，人的精力有限，与其去把每个短板补齐，不如做精自己擅长的方面。但是跟岗位强相关的技能还是要掌握的，如果你是一个非常不善于和陌生人在网上聊天的人，那么你就不适合做社群运营和用户运营。

这个世界上没有完美的人，与其花很多精力去补足弱项，不如把弱项控制在能接受的范围内（一些职场基础技能还是要过关的，如 PPT，大部分人的 PPT 技能都只是"够用"，少有人是"惊艳"），集中精力发挥自己的优势。

聊了这么多，运营究竟是什么呢？用一句简单的话来讲，运营就是一个围绕产品和用户开展工作的岗位。一名合格的运营人需要具备通用能力，掌握核心技能和职场软技能。通用能力包括写方案、数据分析、项目管理等，核心技能包括写作能力、热点内容敏感度、选品经验、渠道资源等，职场软技能包括学习能力、沟通能力、协作能力、清晰的认知与逻辑、规划与协作能力等。

运营有很多不同的方向，像电商运营一般是运营不同平台的店铺，策划活动，提升网店的销售额；新媒体运营需要熟练掌握如公众号、微博、小红书等平台的账号内容输出（分品牌方向和营收方向）。不同性质的产品（如游戏类型的产品、内容型的产品、教育产品）需要不同的运营岗。你在选择运营岗的时候，一定要注意考虑"行业+岗位+个人"。比如，你是要做教育行业还是要做美妆行业，你是要偏销售的岗位还是偏内容的岗位，你自己喜欢和擅长什么。

在实际工作中，运营的工作是很琐碎的，会面对很多突发状况，这里有四个工作方法分享给大家：四象限法；总结归纳法；番茄工作法；四"有"法，即有目的、有时间、有数据、有复盘。

1. 四象限法

把手上的事情按重要紧急、紧急不重要、重要不紧急、不紧急不重要来区分，如图 1-5 所示。要先处理重要紧急的事情；根据实际情况快速地、用尽可能少的时间来处理紧急不重要的事情；最后留出时间做重要不紧急的事情；不紧急不重要的事情可以放弃或延后。

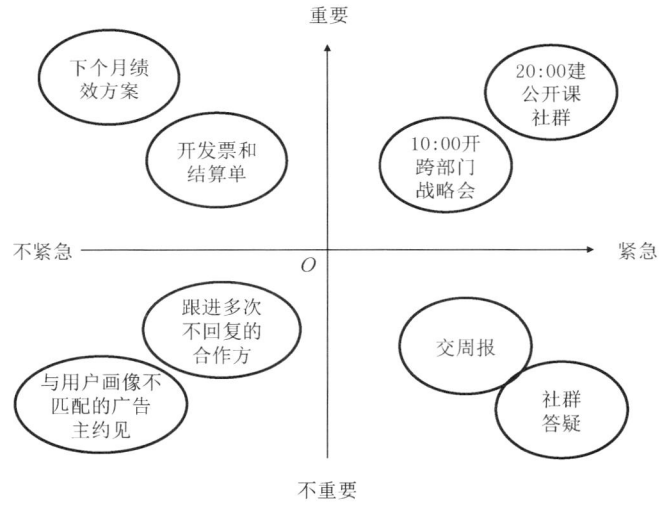

图 1-5　四象限法的实际运用

2. 总结归纳法

要尽可能地使工作流程化，最好形成一个随时可以交接的表格，如表 1-1 所示。这样下次做的时候你就可以对照表格执行，从而提高效率，也便于你在忙不过来的时候申请增加援手，随时交接给别人。

表1-1 总结归纳法的实际运用

日期	事项	筹备细节	执行人	负责人	完成日期	备注
11.23	物料	海报、详情页、学习教程	张三	张三	11.23	缺Logo
		文案话术	李四		11.23	
	渠道沟通确认	老师自有渠道	王二	李四	11.23	
		公众号推文	李四		11.23	
		往期种子用户	李四		11.24	最迟周二确认
	工具	企业微信号、学员报名表	张三		11.23	
11.24	推广	老师渠道	王二	李四	11.30	
11.25		公众号推文	李四			
11.26		往期种子用户	李四			
11.30		推广截止				
12.1	统计学员并加好友	统计学员，收集学员信息，开营提醒	李四	李四	理论课程结束	报名表，好友应答
12.2	DAY1 拉群+开营	群规，活动预告，自我介绍，主持人开营，分享嘉宾，互动游戏	王二			各种模板
12.3	DAY2 学习日	1、2课笔记+答疑+作业+案例加餐	王二			
12.4	DAY3 学习日	3、4课笔记+答疑+作业+案例加餐	李四			
12.5	DAY4 裂变实操	10:00发裂变任务：9.9海报+详情页+奖品+证书+话术+教程	李四		裂变实操	
12.6	公开课+成交	裂变截止到18:00，建群+公开课+成交	李四			
12.10	解散	结营+总结+发证书+优秀学员公示	李四		长尾	证书+奖品

3．番茄工作法

设置25～40分钟的番茄时间，专注工作，中途不允许做任何与该工作无关的事，直到番茄时钟响起，5～10分钟后再开始下一个番茄时间，每4个番茄时间可多休息一会儿。

我在刚做新媒体内容运营的时候很喜欢一边找素材一边和同事讨论新闻，然后开始聊八卦；或者在写文章的时候有人找我，导致我的思路中断。所以后来我在写文案或做方案的时候会找一个没人的角落。上午 9:30 到工位，和内容组的同事花 15 分钟开选题站会（站着开会），10:00 开始进行 2～3 个"大番茄"，午休后进行 4 个"大番茄"，再安排一个会议或留出处理琐事和与他人沟通的时间。我没有买时钟，而是用手机记时间。如果状态不好，我就会少安排一个"番茄"，休息一下，或者看看新闻和行业报告。

在这里我也想提醒一下大家：适合自己的就是最好的，工作性质不同，习惯不同，每个人都应该慢慢摸索出自己觉得高效的方法。

4. 四"有"法，即有目的、有时间、有数据、有复盘

人的精力是有限的，时间是非常宝贵的，我们在和用户或同事沟通的时候，一定要带着目的去沟通，不要扯东扯西，也不要带着情绪去吵架（吵架并不能解决问题）。我们做一件事情的时候一定要想清楚做这件事情是为了解决什么问题或得到什么效果，这样做是否能得到自己想要的，如果得不到有没有备选方案。

例如，今天是 1 日，我 20 日有一个活动想邀请 A 大咖来参加，但是迟迟没有收到回复，那么我的方案是：继续联系 A，并尝试联系认识 A 的人，若截止到 5 日没有收到回复就改邀以前合作过的 B 大咖，如果在 10 日前都无法邀请到 A 和 B，就把活动改成老用户交流会。

再如，我周一提交了一个设计需求，要求周五交付，到了周四中午设计人员才和我说排期满了，做不了。面对这种情况，我可以找她的组长说明情况，看是否可以为我安排其他设计人员，实在不行安排外包来加急完成。在这件事情上，我存在两个问题：一是没有等她回复确认，二是没有及时跟进。

她有一个问题就是反馈得太慢。在下次遇到这种比较急的工作时，我一定要等到对方的回复，如果她在周二下班前还没有给我答复，我就去工位上当面和她确认。

我们在尝试一个项目时，可以给自己几个月的时间，定一个可衡量的指标，等这几个月过去后，如果没有达到预期，就及时止损。即使没有成功也要反馈数据——不只是销售数据，还包括用户点击、日活、转介绍、复购等数据。

运营到底是在"运营"什么呢？招聘网站上常见的运营类型有产品运营、用户运营、活动运营、内容运营等。运营的底层逻辑是通用的：定位—用户画像—发现用户的需求—用一个最小可行化模型—找到种子用户内测—优化迭代—投入资源—快速复制以扩大规模—创造利润—找到第二曲线。

从岗位来分的话，产品运营就是通过各种方法提供产品的核心数据指标，如注册人数、用户访问量、转化率等；用户运营就是围绕用户的新增、留存、活跃、转化、传播等关键指标来做运营；活动运营就是通过策划活动来在短期内提升某一指标，如销售额、日活等；内容运营就是用内容的生产和搭建与用户进行良性沟通。

一个平台的内容运营可以按照底层逻辑展开：要明白我们的产品是什么（定位）—是谁在用我们的产品/我们想把产品提供给谁（用户画像）—他们为什么使用我们的产品/产品满足了他们什么需求（发现用户需求）—可以尝试在一个资源位发布话题、活动，用文章、图片、短视频的形式来测试用户对哪种内容展现形式更感兴趣（最小可行化模型）—回调数据，看看是哪些用户在关注我们的内容并尝试链接到他们做调研（内测）—根据不同的选题来反复测试并形成内容的标准化（优化迭代）—做好全年节日活动排期，

27

尝试外部投放内容（快速复制，扩大规模）。

在这里，我也整理了内容运营、活动运营、用户运营的一些工作内容和需要掌握的技能，如图1-6、图1-7、图1-8所示。

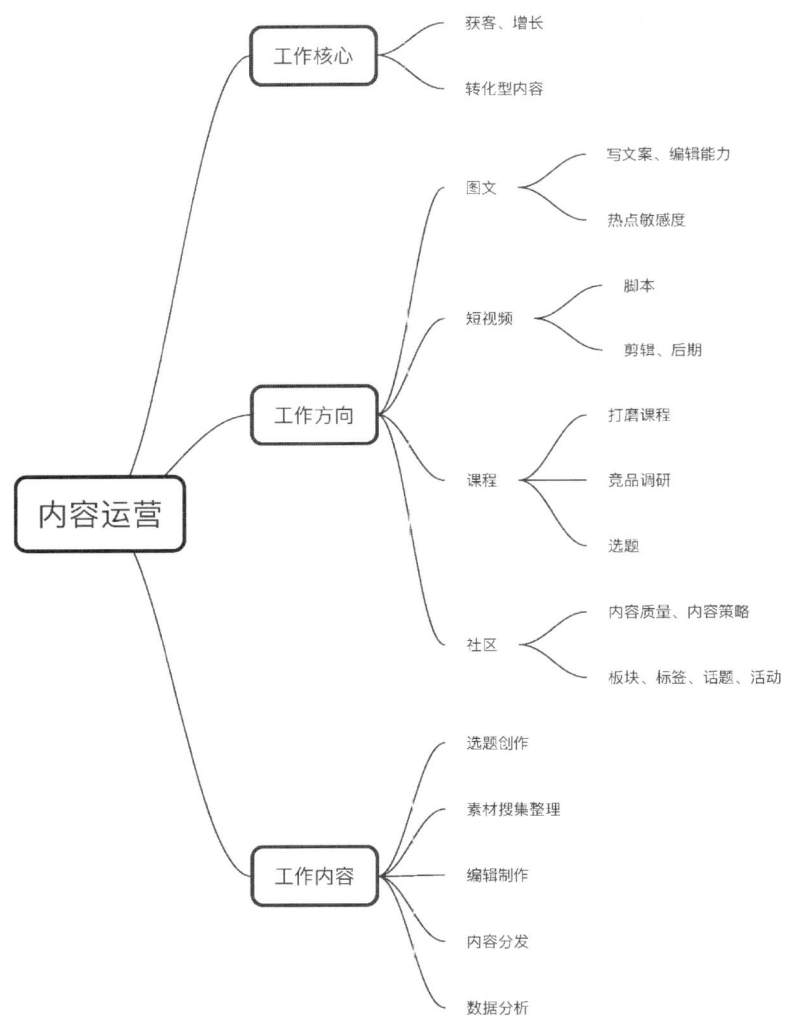

图1-6 内容运营的工作核心、工作方向、工作内容

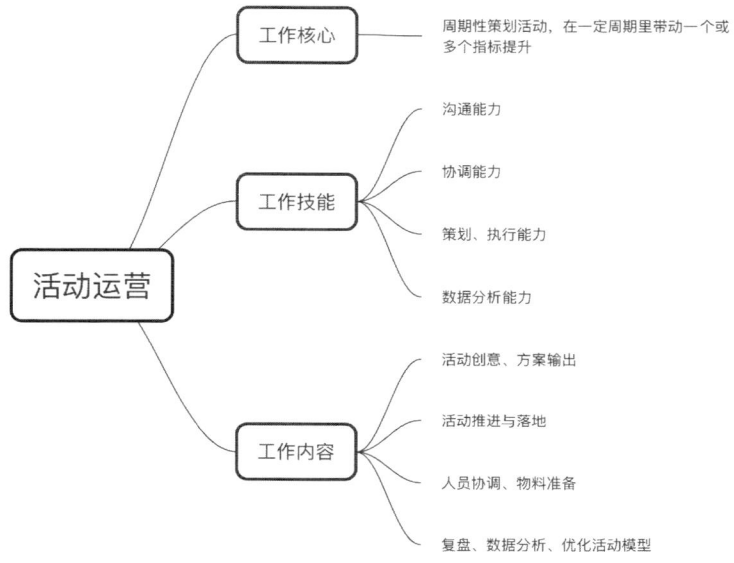

图 1-7 活动运营的工作核心、工作技能、工作内容

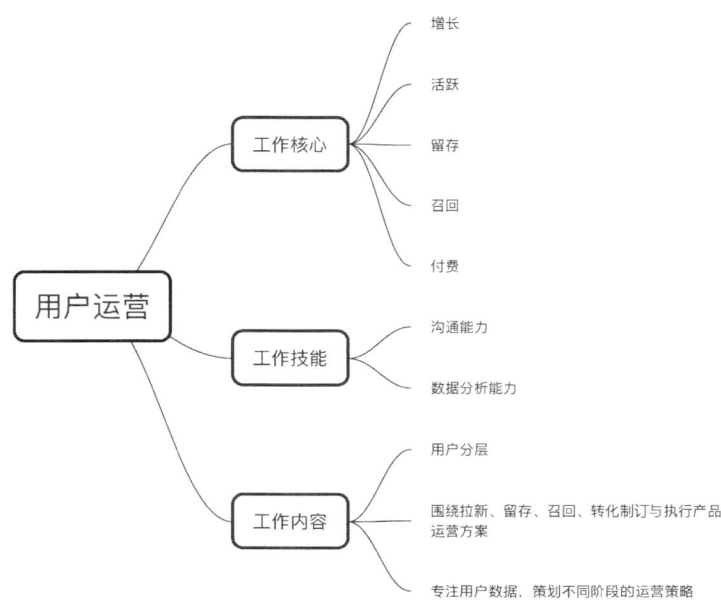

图 1-8 用户运营的工作核心、工作技能、工作内容

我个人认为，对于这几个岗位，"小白"也是有机会单点突破的，可以找一个细分技能开始练习，做一些实质性的尝试，如写一篇自己的公众号文章挑战 100 个用户关注、拍一条短视频挑战 1000 人次的阅读量、策划一场活动挑战 30 人参加。有的人会说"我语文不好，写不好文案"，有的人会说"我从来没有做过"。没有谁是天生什么都会的，只有你想不想做，以及什么时候真正迈出第一步。就像你发一条朋友圈，就是一次图文的发布，写得差没有关系，多练会慢慢好起来的。

最后来聊聊运营和销售的区别。销售更多的是定一个销售目标，通过各种渠道、资源、手段来完成这个目标。运营则需要跳出业务来制定策略。以社群运营为例，很多朋友在网上吐槽现在教育行业的运营都变成客服或销售了，如果你每天只是建群、发课程链接、解散群，那么你当然只是一个客服或销售，但如果你可以把这套流程整理成一个可复用的 SOP（Standard Operating Procedure，标准作业程序），还能通过活动去不断优化，并且能带团队来扩张规模，甚至把社群做成一个产品或一种商业模式，你就绝对不是一个客服或销售了。

如何让自己"值"钱

我接触到的大部分运营人的成长之路有四个阶段，如图 1-9 所示。

（1）运营"小白"：实现个人价值，做个好员工，好好完成自己的任务。

（2）运营精英：实现团队价值，工作有亮点，和团队一起完成任务。

（3）运营专家：实现业务价值，探索行业生态，制定业务战略规划。

（4）运营大咖：实现商业价值，为公司做创新，实现新的商业化变现模式，包括自己创业。

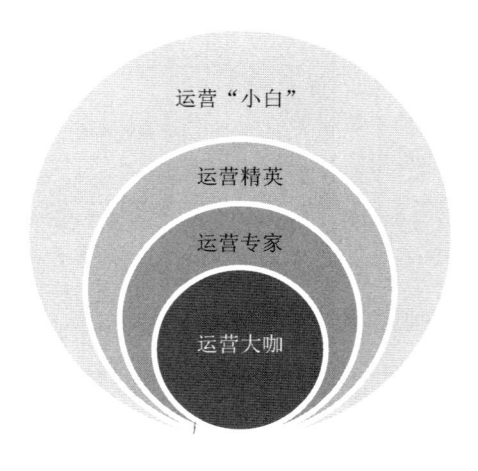

图 1-9 运营人成长之路的四个阶段

以我所在的部门为例，晋升是以结果为导向、兼顾能力发展的。我所在的事业部的总经理饭团君曾分享过一个内容岗位的定级与工作侧重点的例子，如表 1-2 所示。

表 1-2 不同职级的工作重点示例

职级	内容岗
职级 1	本科生，编辑助理，重点完成基础工作
职级 2	有一定的策划能力，可以发起一个选题策划，交付结果
职级 3	策划一个项目，带小组完成项目
职级 4	知道什么样的内容是未来趋势、什么运营方法更有价值
职级 5	不再关注内容本身，转而关注内容生态和战略

我们在评估自己的"身价"时可以从业务能力和管理能力两个维度出发，如表 1-3 所示。

表 1-3 从业务能力和管理能力两个维度出发为自己"定价"

业务能力维度		管理能力维度		薪资
业务能力	评分（分）	管理能力	评分（分）	（千/月）
对运营没有任何概念，没有实操经验	—	—	—	—
无法独立完成任务，只能执行某个点或协助完成一些工作项，对预算、效果没有概念，但做事还算仔细，不犯低级错误，可以较快上手	60	没有管理经验	0	3～5
可以独立完成策划方案，对预算和效果有概念，但是对结果不能掌控，目标完成度不高	61～65	可以与团队成员良好沟通协作，能有节奏地推进工作	50～60	5～8
可以独立完成方案并拿到结果，预判一件事能有七八成的把握	66～70	可以和团队成员合作完成	61～70	6～15
可以独立策划专题或项目，带小组完成	71～75	可以带人、拆解任务、合理分配任务	71～75	12～20
目标感强，节奏把控能力强，有方法，有策略，能带团队轻松完成KPI	76～80	会向上管理，可以带团队、跨部门协调	76～80	20～35
行业前20%，可以参与业务战略、探索行业生态，可以思考和探索商业价值，为公司赚钱	81及以上	领导认可，会发现人才，培养团队	81及以上	上不封顶

你现在是几分的运营？你想成为几分的运营？如何才可以成为行业前20%的人才？

为什么是"前20%"？

"二八定律"指出：在任何一组事物或人中，最重要的只占其中一小部分，约20%，其余约80%尽管占多数，却是次要的。

我们看一下"二八定律"的具体运用。

管理学：通常一个企业80%的利润来自它20%的项目；经济学：20%的人手里掌握着80%的财富；用户运营：把80%的精力放到20%的用户身上。

我问过很多朋友提升自己能力的方式有哪些，得到的回答往往是：看书，买课，上培训班。实际上，自我提升的底层逻辑在于：接收信息并内化吸收—归纳整理为自己的知识体系—刻意练习—提升技能并形成方法论，如图 1-10 所示。看书、买课，甚至刷短视频都是在接收一些碎片化的信息，更重要的是通过思考将这些信息内化成自己的思维方式和工作方法，然后实际操盘一些业务，不断积累经验。

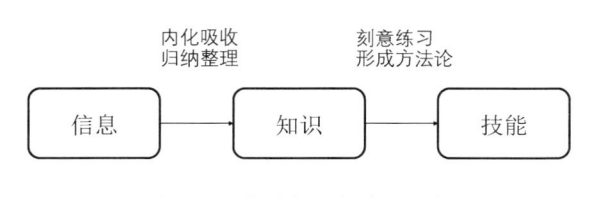

信息 —（内化吸收 归纳整理）→ 知识 —（刻意练习 形成方法论）→ 技能

图 1-10　自我提升的底层逻辑

我在这里也分享几个我遇到过的新手容易出的问题。

1．粗心

拿一些表格数据、活动日期的数字错误举例来讲。我遇到过一个合作方的助理是一位新手，他和我对接的一个表格，4 个信息写错了 3 个：活动日期"4 月"写成了"3 月"，20 日是"周日"写成了"周六"，"9:00—12:00"写对了，"1:00—15:00"可统一用 24 小时制，就应该写为"13:00—15:00"。

我还遇到过一个大型"灾难现场"：合作方的实习生把成本采购报价单发到客户群，还撤不回。

2．做事没有反馈

我带过的一个新人，遇到困难也不说，到最后活动出了问题时不知所措，弄得一团糟。哪些事情已经做了，哪些事情遇到困难推进不下去了，他对此完全没有反馈，致使其他团队成员也不知道进度。这样做事的人像一颗定时炸弹一样，不知道什么时候就会给人带来惊吓。

3．没有时间观念

某次轮到同事张三 18:00 发推文，到了 17:00 他才说写不出来，结果被领导批评。写不出来不会早点说吗？

4．不会拒绝

自己的事情还没做完，同事却拜托你做与你的业务无关的事情。遇到这种情况，你可以向对方说明目前手上的工作完不成、等自己完成后可以提供哪些帮助，不行的话就建议他想其他办法。如果你因为帮助别人而没有完成自己的工作，是没有人会同情你的。

5．工作上经常有情绪

我常和我的组员说我们是来工作的，是领了工资干活的，不是来交朋友的，互相欣赏就多接触，不合眼缘就少接触，把工作完成才是第一位的。特别是在对外的时候，有情绪是很可怕的，你代表的是公司，如果因为你的情绪影响了公司形象，说明你是非常不专业的。其实我是一个急性子的人，而且以前脾气很火爆，经常一言不合就怼人，但是为了完成工作，我可以把姿态放得很低，因为这是工作。要知道委屈和愤怒并不能解决任何问题，我们在遇到问题的时候不要第一时间把重点放到抱怨上，而是要想解决方案。针对这个问题，我推荐大家看看《好好说话》和《人性的弱点》这两本书。

6．眼里没有活，做事缺乏思考

某次线下活动，我带了两个新人一起去做执行，A 到得很早，全程不知道该干什么，你和他说一件事情他就干一件事情；B 非常机灵，我问她 XX 学员坐在哪里她都能说得出，看到垃圾桶满了就主动去倒，看到后排的学员被前排的人挡住了视线，就跑到前面去拍照片发到群里。整场活动下来，大家都认识了 B，A 却完全没有存在感，大家转介绍也都是首选 B。

做一件事情时，要明确做这件事情的核心目的是什么。搞线下活动肯定需要让用户有好的体验，因为只有有了好的体验，他才有机会成为你的付费用户或为你转介绍客户。要围绕核心目的来展开工作，就要换位思考：如果你是用户，会被什么打动，是内容，是服务，还是稀缺资源？什么样的服务可以给人惊喜？要带着思考来做事情。

我想分享一句前辈告诉我的话：做运营比的就是谁更用心。

一直以来我都觉得只要是和人打交道的业务都离不开服务，比的就是谁更用心。如果你不能真正热爱你的事业，不能用心对待用户，就没有办法走得长远。

有研究报告公布了互联网行业从业人员的平均年龄是 29 岁。对此，有朋友问，互联网行业那些年纪相对大一点的从业人员都去哪儿了呢？个人觉得，干得好的就财务自由或自己创业了，干得不好的就干不下去了。所以，提升运营能力的终极目的就是通过为公司赚钱让自己赚到钱，从而为自己创业攒下钱，做到不可替代或拥有很多资源。总之，让自己赚钱，让自己值钱！

我在参加中国轻工业联合会互联网营销师考评员培训时，听了人社单位的老师关于职业技能人才的分享。其中有四个知识点让我受益颇深，在这里分享给大家。这些知识点不限于互联网行业，其中有一些模型是通用的和可迁移的。

1. 职业能力的层次结构

职业能力的层次结构如图 1-11 所示。第一个层次是职业技能，即基于细分领域掌握的专项能力；第二个层次是行业通用技能，即在行业内有共性的技能；第三个层次是核心技能，具有跨行业的广泛性和迁移性。

■ 职业技能
基于细分领域掌握的专项能力

■ 行业通用技能
在行业内有共性的技能

■ 核心技能
具有跨行业的广泛性和迁移性

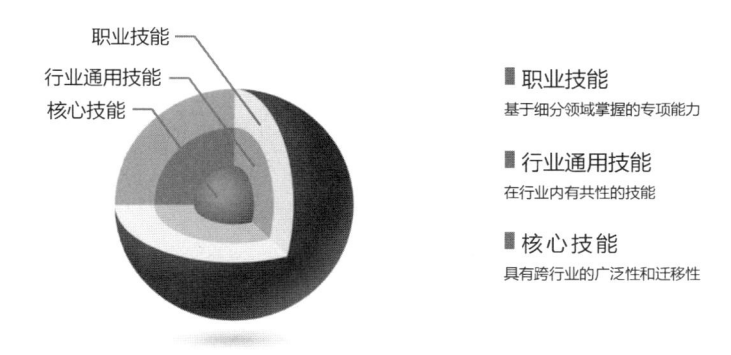

图 1-11　职业能力的层次结构

2．职业能力养成的五个阶段

职业能力的养成有五个阶段：入、会、熟、精、通，如图 1-12 所示。

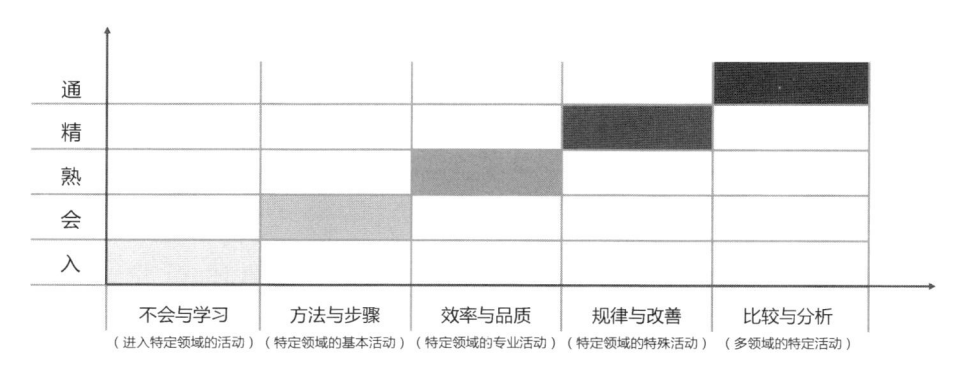

阶段	不会与学习	方法与步骤	效率与品质	规律与改善	比较与分析
	（进入特定领域的活动）	（特定领域的基本活动）	（特定领域的专业活动）	（特定领域的特殊活动）	（多领域的特定活动）

图 1-12　职业能力养成的五个阶段

3．职业能力价值判断

对于工作过程中的职业能力价值，我们可以从适应工作、独立工作、团队协作、管理水平、解决问题几个阶段来判断，也可参考一个人为企业带来的价值，如图 1-13 所示。如果用了半年的时间还没有适应，那么这个人就很难培养了。

明显附加价值				解决问题
提高团队价值			管理水平	
明显创造价值		团队协作		
开始创造价值	独立工作			
学习	适应工作			
进入	3~6个月	12个月	18个月	24个月	36个月

图 1-13　职业能力价值判断

4．职业素质模型与高技能人才的能力特征

（1）洋葱模型，如图 1-14 所示。我们像剥洋葱一样一层一层"剥"开这个人，其中，知识和技能都是可以后天培养的，态度、价值观及个性/动机是难以后天习得的。最直接的判断方法是，当你和一个人聊未来时，看看他的眼睛里有没有光；看他推进一件事情的执行力和积极度。

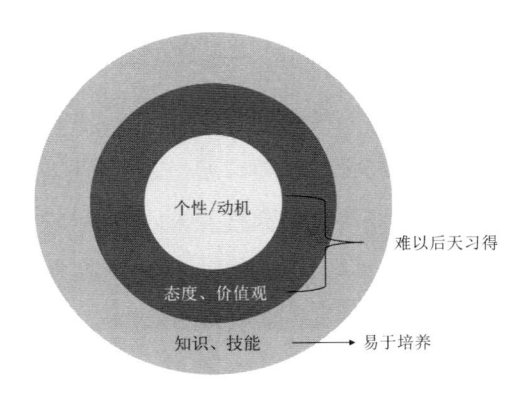

图 1-14　洋葱模型

（2）冰山模型，如图 1-15 所示。冰山露出海面的体积往往只有整体的几分之一，所以我们常说"冰山一角"。看一个人的职业素质也是如此，技能和知识只占了一小部分，虽然角色定位、价值观、自我认知、品质是看不到的，但这些因素决定了一个人的上限。如果一个人三观不正、品质有问题，那么很可能业务做得越大危害越大。

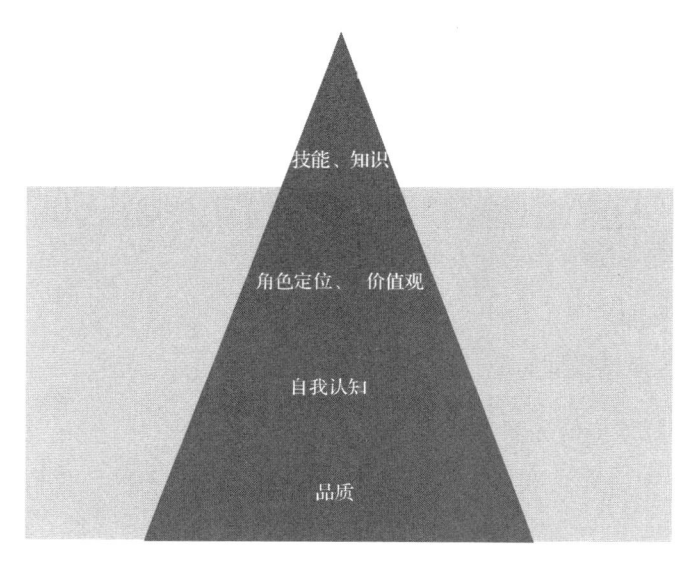

图 1-15　冰山模型

作为打工人，在职场上一定要严格遵守公司红线；作为创业者、企业家，在重要的岗位上一定要用好人、要会看人。

（3）高技能人才的能力特征包括精、通、新、多，如图 1-16 所示。大家可以对号入座，看看自己是否属于高技能人才。

精	通	新	新
技艺精	规律通	创新力	多技能

图 1-16　高技能人才的能力特征

面试与被面试案例：STAR 法则、SBO 行为面试

运营不会一直在一个地方自己干，迟早会跳槽或带团队。参加面试和面试别人都非常重要，被管理和管理团队都是必经之路。

"你好，请问你是×××吗？"

"是的，你好，请问你是哪位？"

"我是网易××产品的业务负责人，你现在方便通话吗？"

"可以的。"

"请问你听过网易××这个产品吗？"

"抱歉，我目前没有深入了解过，请问有什么事吗？"

"好的。是这样的，我们目前正在招聘新媒体内容运营，看到了你的简历，对你比较感兴趣，想简单沟通一下。我先简单介绍下××产品，你有什么疑问也可以问我。"

…………

"嗯，谢谢你的耐心介绍，我大概了解了。"

"好的，那可以请你简单做个自我介绍吗？"

这是我的电话面试开场。

在找工作前，最重要的是准备一份简历，在一些主流招聘网站发布并且定期更新。我建议即便在找到工作以后也要定期更新自己的简历，以更好地了解自己的市场行情，而且在和一些 HR、猎头交流的过程中也可以了解一些行业的最近资讯和动态。比如，在某互联网金融公司延迟上市的新闻出来后，好几个猎头联系我说该公司用户运营这个岗位在招聘。对此，我大概了

解到两个信息：一方面，市场对于互联网金融行业正在调控，选择这个行业要谨慎，特别是一些初创公司就不要考虑了；另一方面，目前该行业更注重用户运营方向，因此在目前的工作中应注意这个方向上的策略。

现在聊回面试，第一轮面试的是简历，第二轮才是电话面试，然后才有第三轮的面谈。

我在入职网易前，先是经历了 HR 和业务组长的电话面试，之后与 HR 和业务组长面谈，之后又经历了运营总监和总经理的电话面试，最后人力资源业务合作伙伴面试了我。后来我转岗又经历了两位业务组长的面试，以及运营总监、总经理的面试。后来我带小组后也面试过几十个求职者，在这个过程中也总结了一些经验，现在分享给大家。对于这些经验，你不仅可以在求职的时候用到，等需要自己搭建团队或创业的时候也可以参考。

首先聊聊简历的部分，我先分享三类 HR 眼里的必"死"简历（我特别采访了我们部门的人力资源业务合作伙伴，她告诉了我几种她一秒都不想看的简历类型）。

（1）碎碎念型。这种简历列出了应聘者从小到大的经历，如拿了什么奖、参加了什么比赛（如果是应届生还能接受，如果有工作经历就没必要了），没有重点，也没有和招聘需求匹配的内容。我见过一位同学的简历上写了"曾担任大学寝室长"。这样写简历的人可能确实没有什么可写的，那就要反思一下自己：四年的大学时光，为什么没有参加过一次实习，为什么没有在互联网上发表过任何内容，为什么没有参加过任何比赛，为什么没有参加过一次志愿者活动或公益活动。我的团队里有一位非常优秀的实习生，她不是来自重点大学，深知自己竞争力不够的她在大学里参加过多份实习工作，还加入了一个短视频团队，并做了一个 600 万个粉丝的短视频账号——就凭这个项目经验，找份工作是非常容易的。

（2）假大空型。这种简历把简历写成岗位描述，只描述日常工作，没有具体的工作内容和项目数据；把团队成绩写成个人的成绩，一看数据就很假；毕业两年却写出多年工作经验；学历造假（职场大忌，会被拉黑）。写出这类简历的应聘者是经不起询问的。

（3）"辣眼睛"型。比如，用 Excel 表格做简历，模板花里胡哨（我见过有的简历在黑色的底板上用彩色的字），还有的简历格式和排版有问题，且错字连篇。一个连简历都不认真对待的人，更不会认真对待工作。

我在这里也推荐给大家一种 HR 比较喜欢的简历写作法则：STAR 法则。

- S——Situation（背景信息），占 10%。
- T——Task（目标任务），占 10%。
- A——Action（采取的行动），占 50%。
- R——Result（取得的成果），占 30%。

举个活动案例。

S——负责在线教育社群运营，曾在 2020 年带小组策划执行"双 11"活动。

T——目标是销售额达到 50 万元。

A——邀请了王大一、李大二、赵大三 3 位知名 KOL（Key Opinion Leader，关键意见领袖）讲师，以"用户增长"为主题做裂变公开课，在公众号、App、微博、小红书、B 站 5 个平台联动 12 位 KOL 发布活动，带 3 人小组完成为期 10 天的"双 11"课程促销活动。

R——触达用户××人，参与用户××人，转化率××，总销售额××元，完成度为 85%，由于本次活动链路过长，导致用户流失较多，在"双 12"活动中进行优化，实现了双倍的业务增长。

当然，对于一些高职级的岗位，你的简历就不能过多地从业务层面去设计了，因为如果都讲工作细节，会让人觉得你的视野不够，所以要从公司层面、行业生态层面去设计，也就是我们之前提到的"业务价值"——要重点说明你在业务上做了什么创新和突破。

我们再来聊聊面试中的一些常见问题和背后的逻辑。

面试提问的逻辑顺序如下。

1. 岗位与个人能力匹配度

这点占到 70%甚至 80%以上，岗位与个人能力不匹配的话，这个人再优秀也不合适，所以在回答问题的时候一定要重点描述这个部分，特别是以往的项目经验、组织或参加过的活动、发表过的论文。除此之外，最好有个人代表作品（可以是一份策划案、活动复盘报告、竞品分析报告）。

➢ 常见问题

（1）说明一下你能够胜任这个工作的理由。

（2）请详细描述一下你的这段经历。

➢ 丢分回答

（1）因为我真的很喜欢/因为我很努力。

那你和竞争者比有什么优势呢？就凭你喜欢和努力吗，别人就不努力了吗？

（2）我在这家公司是新媒体运营，负责选题、写推文和编辑发布。

那你与其他新媒体运营从业者的区别是什么？作品呢？数据呢？

（3）我不会××，但是我可以学。

这句话在面试官不喜欢的话里可以排到前十。企业想招的是能马上上手的人，不是学生，即使你不会，在面试前也可以做好相应的准备来佐证你的素质或表明你有相关经验可以胜任这份工作。

➢ 加分回答

（1）我时常关注行业动态，也在××平台发表过文章，有××阅读量，对该行业有一定的了解，并且在这次面试前还准备了一份季度规划方案，希望您能给一些指导意见。非常感谢。

（2）在我接手公众号后 3 个月的时间里，用户数量增长了 30%，平均打开率是 18%，总体提升了 8%，并且尝试组织了一次裂变活动，达到了××的效果。这篇文章也有 5000 多次的点击。您可以看一下，还有一些活动的截图可以参考。最后我还总结了一套可长期使用的活动 SOP，相信在接下来的工作中也是适用的。

2．个人素质

HR 在这个部分会看你有没有潜力、职业规划如何、是否值得培养、人品怎么样、沟通能力如何、是否能很好地融入团队并协作完成工作。

➢ 常见问题

请问你未来 3~5 年的职业规划是什么？

➢ 丢分回答

（1）我还没有想过。

（2）我想在公司多积累自己的资源，明年可以自己当老板。

> 优秀回答

我期望自己能在两年内多落地执行一些项目，积累经验；可以在 3 年内挑战带小组，操盘一个千万元级营收的项目。

3．稳定性

针对稳定性的提问：是否在当地城市长期发展，近期是否有结婚生子的打算。虽然很残酷，但也是现实。我在产后找工作的时候就被一家创业公司拒绝了，原因是我问了一句目前加班情况怎么样。对方认为我的状态不适合他们的企业，最讽刺的是那是一家母婴公司，且面试我的人是一位二胎宝妈。实际上，我是可以接受加班的，只是想了解一下加班程度来更好地协调工作与生活。不过后来我也释然了，解决问题唯一的方式就是强大自己。

> 常见问题

（1）目前是否单身？

（2）考虑长期在杭州发展吗？

> 丢分回答

（1）我有男朋友，打算工作稳定了就结婚/已经结婚 2 年了，工作稳定了就要孩子。

（2）我刚毕业，想在这边找份工作过渡一段时间，再考虑要不要回老家/我对象在老家，可能之后还是要回去的/杭州的网红多，感觉成名机会比较多。

> 加分回答

（1）我目前和对象感情稳定，想一起在这边打拼几年，靠自己的努力组建小家庭，但是目前处于职场黄金期，所以我想把重心放到工作上，奋斗三五年。

（2）因为杭州的互联网氛围比较好，在老家没有那么多机会，所以毕业前就考虑好在杭州长期发展。

4．入职时间

有的岗位如果急着用人，但是你两个月都没办法到岗，那他们就会再找别人。如果已经谈到入职时间这个问题，就说明对方对你已经比较满意了。

针对这个问题，你可以直接问一下希望到岗时间。等回去后你可以这样答复对方：我会在收到录取通知的一个月里完成交接，按时到岗。

5．薪资

很多人会害怕谈薪资，其实没有必要。找工作本来就是一个互相匹配的过程，老板花钱聘请你，价钱谈拢了才好干活。有时候一时没找到工作不一定是自己的工作能力不行，有可能是岗位不匹配，也可能是薪资没谈拢——如果这个岗位的薪资预算偏低，那求职者也不能"用爱发电"，还是要找一个适合自己的工作。

下面分享三种谈薪资的方式。

（1）我看到岗位招聘信息上的月薪是 10000～15000 元，我心中理想的待遇是月薪 14000 元左右，我目前的待遇是月薪 12000 元，我希望能有 20% 左右的涨幅（对数据要实事求是，大公司是会进行背调的或要流水证明的）。

（2）我了解到贵公司对员工是有职级评定的，想了解下目前我的定级情况——在确定定级后了解薪资范围，再开出价码。

（3）如果对方先说了待遇而你不满意，那么你可以再争取一下。例如，对方说目前这个岗位的待遇是 10000 元，你可以照实回复"目前的待遇低于我的考虑范围，如果可以帮忙争取到 12000 元，我可以马上确定下来"。面试是一个双方匹配的过程，不只是公司面试你，你也在面试公司。我有一个前同事去面试了一个月薪 10000 元的岗位，最后谈到了月薪 17000 元，我们笑称他为"画饼高手"。

6．加分点

（1）很多 HR 会在面试的最后环节提问："请问你还有什么疑问吗？"据说一半以上的应聘者会回答没有了。其实，即使回答得不好也没关系，但如果回答得好就是一个加分项。比如，可以问：如果我能顺利入职，会对我有哪些方面的考核？主管对我的预期大概是什么？我的工作主要围绕什么指标来展开？我们的业务在接下来的半年内大致是朝什么方向发展的？

（2）带作品或往期案例前去面试，是准备充分和重视面试的表现。

（3）态度谦虚，不要太嚣张，既要不卑不亢，也不能过于谄媚，遵守基本的礼仪和规则。不迟到是最基本的要求，除此之外，还要坐姿端正、不抖腿、语速适中、自信大方。

（4）展示有含金量的证书。例如，MOS 证书就是微软官方认证的一种证书；如果从事教育行业，教师资格证也是比较有含金量的。

除此之外，PPT 做得好确实是个加分项。我认识的一位大咖在大学时期就通过做 PPT 月入 2 万元了，前公司为了做一个课程 PPT 花了 1 万多元，这些都是真实存在的，不过"会""好""赚钱"是三种不同的程度。例如，很多人会写擅长 PS 和使用 office 软件，其中 80%的人在我当场让他们用 VLOOKUP 函数处理一组数据时就愣了——可能大家对"擅长"这个词的理解不同。

接下来我们聊聊作为业务负责人必然会遇到的难题——招人。

一个优秀的员工可以抵几个，基本功不过关的员工反而需要领导去做他的"售后"。频繁的试用和更换员工对团队来讲是一种内耗。所以，当我们带团队后，也要学习面试的相关技能。

关于招聘人才，我们公司有自己的 SAAS 人才观。Smart：聪明的，具备学习能力与创新能力；Active：有活力的，心怀热爱，乐观积极；Ambitious：有雄心的，意志坚定，追求卓越；Sense：观念，有产品思维和自我认知。

因为招聘一个人时更多考虑的是综合能力，像技能、知识、经验是比较外显的，是需要积累的，也相对容易培训。内在的潜力，如驱动力、软性素质、性格等，是很难通过培训改变的，而且有可能对业绩产生很大的影响。我们常说的潜力股、黑马，往往不是培养出来的。

我们往往会安排三轮及以上的面试，包括 HR 面试一轮、业务面试一轮、业务交叉面试一轮，若是重要岗位还需要大领导面试。我有幸被两位网易总经理级别的大佬面试过，虽然完全是两种不同的风格，但是问的都是具有行业高度的问题，不是"你做了什么"这类细节的东西。其中一位是前网易杭州研究院某产品事业部负责人，虽然是电话面试，但依然让我感受到其超强的气场。我已经记不清问了什么，但是有一个问题问得我直接卡壳了，面试完我的手心都是汗。另外一位是我们事业部的饭团君，非常有亲和力，他最后给我的那句评价让我很难忘——你是一个知道自己要什么的人。我认为这是一个非常高的评价，也一直以此鼓励自己一定要以终为始，朝着目标坚定地前进。

面试求职者是需要 HR 和业务负责人配合的。业务负责人主要考察技能、知识、经验，以及面试者是否符合公司人才观。HR 还要兼顾综合素质、薪资匹配等问题。面试是有技巧的，我最开始面试的时候不知道聊什么，聊了

5 分钟空气就开始凝固了……于是我报了公司的面试课，进行了这方面的学习。

应该怎么面试，提好问题？我们可以分三步走：提问—追问—分析。

1．提问

有一个提问概念叫行为面试——SBO，如图 1-17 所示，其中 B 的部分是最重要的。

- S（Situation），即特定场景下的目标：在这次活动里你具体的任务和目标是什么，为什么会做这样一个活动，这个项目的主要困难和挑战是什么？
- B（Behavior），即行为：你个人采取了什么具体行动，你是如何解决问题的，你当时是怎么计划的？
- O（Outcome），即由行为带来的结果：最终的结果是什么，团队是怎么评价这个结果的？

S Situation
面临怎样的情形，要做什么？
特定场景下的目标：在这次活动里你具体的任务和目标是什么，为什么会做这样一个活动，这个项目的主要困难和挑战是什么？

B Behavior
具体做了什么，怎么做的？
你个人采取了什么具体行动，你是如何解决问题的，你当时是怎么计划的？

O Outcome
结果是什么？
最终的结果是什么，团队是怎么评价这个结果的？

图 1-17　行为面试

我们可以针对过去行为、关键时期、面试目标来提问。

参考提问：请你分享一个印象最深的（围绕面试目标）的经历；请举例

说明你是怎么（围绕面试目标）做的；说一说你最近最满意的一次活动或最有成就感的一件事。

这些问题可以让我们很好地收集信息，如面试者的语言组织能力、执行力、目标感和相关经验。

2．追问

参考提问：什么时候的事？你的目标是什么？为什么要做这件事？你是怎么解决的？结果怎么样？

可以问细节，如这个活动是由几个人负责的、怎么分工的、你主要做了什么，可以举个例子说明吗，遇到了什么困难等。

有的人喜欢把团队的业绩说成是个人的。我遇到过一个应聘者，简历上写着平均完成月度 KPI 10 万元，仔细一问才发现，她只是做了用户解答的工作，前期的活动策划、渠道投放、售后维护完全没有参与，对活动运营也完全没有概念。其实我有时候不太理解这样的应聘者，即便你面试成功了，可能也是过不了试用期的。与其在简历上做手脚，不如踏踏实实去做几场活动。毕竟能面试你的人一般经验都比你丰富。

3．分析

参考提问：如果再做一次这个活动，你觉得有哪些地方可以优化？这些经验有可以迁移的部分吗？之后能复用到其他工作中吗？

通过这类提问可以很好地考察应聘者是否有总结经验的能力和可培养的潜力。关于业务人员，个人认为，潜力的占比应大于基础技能。基础服务岗位的基础技能一定要过关，但耐心、细致、踏实更重要。

这一节聊了一些我的心得和技巧，大家可以做一个参考。如果实在紧张，可以试试模拟面试——请朋友做面试官来对你提问可能遇到的问题。多练几次，打有准备的仗。

面试官如果精力不够，可以把简历卡得严格一点，或者先电话面试再线下面试。在我工作经验还不是很丰富的时候，就被两家公司打击过。一家是房地产经纪公司，招新媒体运营，招聘需求是有公众号运营经验，于是我就去面试了。结果HR拒绝我的理由是我没有房地产从业经验，还给我一顿数落。另一家是做黄金业务及理财的，招运营总监，让我跑了两趟，第二次特地叫我到总经理办公室跟我说我不合适、我一个人肯定做不起来。我就纳闷了，既然一个人肯定做不起来，那么只招一个人是什么意思呢？不合适你给我打个电话不就完了，我打车来回还花了50元钱呢（又不给我报销），别人的时间也是时间。

我在这里也想鼓励一下面试没有成功的小伙伴，有时候面试没有成功可能只是当下不匹配，也可能是这家公司并不是真心想招人，只是想通过面试获取一些行业信息，所以我们在选择公司的时候也要看一下公司背景、企业人数等信息。

如果我的书有幸被一些高管看到，那么我想分享一些个人观点给他们：乡下人进了城不会看红绿灯过斑马线，不是他笨，而是他不了解；城里人进到田里分不清韭菜、水稻，不是笨，也是因为还不了解。如果遇到跨行的面试者，希望面试官可以宽容一点，即便不录用也不要伤害别人的自尊心。在人之下把自己当人，在人之上把别人当人。做老板，也要靠员工给力，自己一个人也做不成一家公司。风水轮流转，谁知道江湖再见会是什么情景呢！

很多看起来高大上的工作，其实你上手1~2个月以后也会慢慢熟练。我最早写一篇推文要花一整天，后来一天就可以写2~3篇。最开始做活动要提前一个月准备，现在基本一周就可以完成全部工作。刚开始做社群时连100人的群都整不明白，后来十几个群一起做活动都很轻松。我以前觉得运营几百万个用户是无法想象的，现在做几千万个用户的App的商业化也八九不离十。

我亦无他，惟手熟尔。我们可以一时不会，但要想办法学会；我们可以一时输，但要知道输在哪里，知道下一次怎么赢。

聊到工作，我还想和大家聊聊机会。

我人生中有3个对我影响很深的关于机会的故事。

高三的时候，班里评选"区三好学生"，我没有被提名，但因为高三了，我还从来没有拿过"三好学生"，觉得很遗憾，于是我到老师办公室找他，问："老师，对于想要的东西，主动争取机会，您赞同吗？"老师回答我，虽然不一定有结果，但是他支持我，并希望我以后也保持这个劲头。后来我并没有被选上，但是通过那一次我明白了一个道理：去试试也许就有机会，即便不成功，也没人会嘲笑你。不试，就什么都没有。

上大学的时候，我在西湖边某商场的一个服装专柜做暑期社会实践。坐班车的时候我听到了某饰品专柜的店长说，她的孩子英语不好，语法都不会。我主动上前说，我可以做家教，我的价格只要其他大学生的一半，而且我可以免费给她试讲一次。于是我获得了这个机会。后来这位家长又陆续给我介绍了3个学生，而且每年都给我涨课酬。我通过做家教快速积累了自己的第一桶金。

工作后，有一次老板要带两个人去北京参加一个关于内容的培训。我跟老板说，如果带我去，会更有价值，我可以把课程的内容融入我们现有的产品中，并且带回来一个关于内容方向的方案，完成一定的收益。于是老板帮忙争取了多带一个人的机会。我在这次培训后参与了一个小项目，在3个月里完成了 70 万元的营收，让老板看到了我的价值。

机会，是要靠自己主动争取的。我有一位 HR 朋友跟我说，当年有一个小姑娘很想进他们公司，每天到他们的办公楼下等他。后来他跟这个小姑娘说："如果你到对面那片办公区域把这些名片发完，我就给你一个面试的机会。"小姑娘是一个很内向的人，但还是照做了。后来她如愿进了这家公司。

如果你想要，就去大胆争取，试一试不会有什么损失。

运营人终极进阶：实现商业价值

大家有没有听过这样的评价：业务能力还行，但是缺乏系统思考能力和商业思维。在我入行前 3 年，听到最多的就是这句话，直到我操盘了多个项目才慢慢明白其中的意思。

拿做 PPT 来讲，新手会想：什么模板好看？每页堆什么内容？要不要加点动画？老手会想：做 PPT 的目的是什么？演示给谁看？要达到什么效果？大纲和重点是什么？时间控制在多久？可见，新手没条理、关注细枝末节，而老手思路清晰、聚焦重点。

假如主管说，我们明年的利润要增加 300 万元。

对此，几年前的我可能会说"那试试广告能不能多收点，看看是不是多找几个 2B（to Business）的渠道"。现在的我可能就会先让财务把全年报表拉出来，先看一下收入、成本（特别注意，人力和时间也是成本，沉没成本其实很"可怕"）、毛利和净利；把整个业务流程梳理一下，看怎么调整策略；找到核心指标，本着降本增效的目的，从收入和支出两个维度来找机会点。

简单来讲，新人往往会提到一些点，且比较琐碎；老手则可以把这些点串起来，考虑问题会关注整体，有层次、有策略，从表象见本质、化繁为简、触类旁通，做事有清晰且靠谱的思路，有独到的想法和有远见的决策。

管理学大师查兰在《客户说》中曾经说过："商业思维就是把握经营本质的能力，包括利润率、投资回报率和增长率等。"简单来说，商业思维就是一种"以利益为先"的思维。

商业思维换句话说，就是要会赚钱、会算账，要看到这件事情的机会点，要考虑收益、成本、投入、产出、风险，要思考的不是这件事情虽然很困难，但一定要挑战它，而是要思考解决这个困难要付出多大的代价、投入产出比高不高。有经验的人往往可以先看到一个行业的机会和天花板，通过自己的经验来推断业务能做多大。当我们掌握了一个行业或平台的规律、规则，也就掌握了财富的密码，再加上竞争壁垒，就可以与对手抗衡了。我们不需要去勉强自己做一些不擅长的事，只需要在自己想赢的地方赢过对方就够了。

有一本书叫《精益创业》，提出了一个概念 MVP（Minimum Viable Product，最小可行化模型），即通过提供最小可行化模型获取用户反馈，并在这个最小可行化产品上持续快速迭代，直到产品达到一个相对稳定的状态。

MVP 对于创业团队来说是很重要的，可以快速验证团队的目标。大胆想象，小步快跑，快速验证，不断迭代。

MVP 设计方法能帮我们在有限的时间内快速、低成本地完成产品第一个版本的开发并推向市场，获得产品第一批种子用户，验证产品价值和方向。随后，产品可通过收集种子用户的反馈帮助产品完成后续迭代和优化。

某二手书品牌最早做 MVP 的时候就非常简单。群主建一个群，邀请身边爱读书的朋友进群，如果想卖书了就联系一下群主，说要卖书了，群主就会私聊，等确定要卖的书后让快递上门取件，群主收到书且检查无误就会转账给用户，同时整理书籍介绍、售价等信息，然后发到群里告诉大家上新了。这就验证了以1折回收的二手书在进行消毒和包装后，能以3折卖出去赚钱。等积累一批种子用户验证模式可行后就开始扩大规模。如果仓储物流系统跟得上，就可以发展线下门店了。

在互联网产品设计这个赛道中，每天都会有许多新产品上线，但是爆款仅有那么几个。虽然产品"挂"掉的直接原因各种各样，但根本原因还在于产品没有解决用户的真实需求。一百多年前，福特公司的创始人亨利·福特先生跑去问客户："您需要一个什么样的更好的交通工具？"几乎所有人的答案都是："我要一匹更快的马。"但其实客户的真实需求是更快地到达目的地，而这个产品可以是更快的马，也可以是汽车、飞机等。

如果开一家甜品店，大部分人的行为逻辑是：满世界找店面—花一大笔钱设计装修成网红店—招员工—开业—亏钱。

原因往往是模式和产品没有经过市场验证，没有种子用户，没有竞争壁垒，没有对地理位置进行过调研。

最小可行化模型是什么呢？自己或找师傅做出好吃的甜品，或者买成熟店铺的配方，在朋友圈或去街上让人试吃。看看喜欢你甜品的用户画像是什么样的，他们在哪里，后续是否能拓客。是否能拓客取决于你的产品是否能让他们喜欢，价格是否能被接受。如果你的产品被认可，可以卖出去，且能赚钱，那么可以先积累一些种子用户再去开店。

竞争壁垒是什么？竞争壁垒是指企业在市场竞争中，基于自身的资源与市场环境约束，构建的有效的针对竞争对手的竞争门槛，以达到维护自身在市场中的优势地位的目的。比如，你拥有产品的核心配方和技术，但你的竞争对手没有。再如，你和一个非常有名的大厨合作开了一家店，别的店肯定挖不走他。

明确需求与目标—建立最小可行化模型—寻找种子用户—分析数据并寻找核心指标—迭代优化—投入资源增长。

某二次元社区想做 JK 制服生意，那就要去调研，如表 1-4 所示。

表 1-4　JK 制服用户调研

行为指标	用户分层	用户量级
关注二次元内容	潜在用户	亿级
在社交平台关注品牌方账号	重度用户	千万级
在电商平台购买 JK 制服	目标用户	百万级

接下来就要来分析目标客户、可满足的用户需求、渠道通路、竞争优势与卖点、成本结构（获客、供应链、设计开发、进销差）、收入来源（盈利模式、客户终身价值）。

在此，我分享两个商业画布给大家，如表 1-5、表 1-6 所示。

表 1-5　商业画布 1

序号	元素	描述
1	用户画像	用户画像有哪些属性和行为
2	价值主张	可以是一个口号
3	渠道	如何接触客户，包括路径
4	用户分层	如何获得并且留住客户
5	盈利模式	什么产品是客户愿意支付的，如何支付
6	核心资源	需要哪种关键资源去创造价值
7	核心指标	真正影响收入的核心指标是什么，怎么执行，怎么衡量
8	重要伙伴	可以通过哪个合作伙伴去提升价值
9	成本架构	什么是固定成本和可变成本
10	竞争优势	如何定义竞争，解决方案容易被复制或者购买吗

表 1-6　商业画布 2

获客渠道		竞争壁垒		
细分用户	需求	解决方案	收入	核心指标
	核心资源		成本	

第二章

运营硬技能与软技能

流量的道与术：从流量到留量，从漏斗到梯形

从某种维度来说，流量就是用户的注意力。App 也好，图文时代粉丝众多的公众号也好，短视频时代的网红也好，直播时代的大主播也好，本质上都是在吸引用户的注意力，继而通过做产品、广告等变现。所以在聊流量前，我们先来聊聊做流量的误区。

互联网行业经常会说"用户画像"这个词，并不是说给你的用户画个画像，而是通过用户的一些行为数据和属性数据来了解使用产品的主要用户人群。其结构如图 2-1 所示，其中用户行为数据包括登录情况、消费情况、购买产品的客单价等，用户属性数据包括性别、年龄、学历、职业、所在城市等。

比如，某电子书 App 的用户画像就是二线城市大学生和初入职场的女白领，某少儿编程产品的用户画像是一二线城市 6～16 岁儿童的高知家长，

某教育培训公司的用户画像是讲师和 HR。

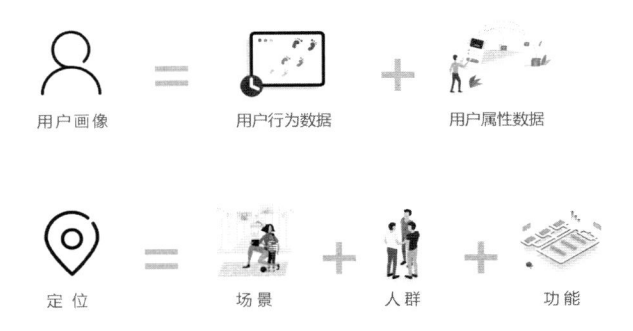

图 2-1 用户画像的结构

获取用户画像的方式往往有两种：一种是发起调研问卷（也有专业的咨询公司会收费提供行业报告），另一种是根据自己产品的后台用户数据进行分析。

为什么一定要有用户画像呢？因为产品存在的价值就是满足用户的需求，不了解用户就没办法发现用户的需求，就不知道该为谁提供什么样的产品和服务。换个功利的说法，你不知道要赚谁的钱。如果你的产品是提供给一线城市的职场女性的，结果你投放了一个用户都是三线城市的男性的渠道，这就和用户画像不匹配了。有的账号虽然有几千万个粉丝，但一条广告只能收几万元，根本养不活团队；有的账号虽然只有几千个垂直粉丝，却可以轻松带来百万元的营收。所以，不要盲目地去"涨粉"，要搞明白自己想干什么。

当用户画像出来后，你也要对自己的产品有明确的定位（你的产品可以是实物，也可以是内容，甚至可以是你自己）。

如何定位呢？大家可以回答几个问题。

- 你的产品是什么？

- 你的用户画像是什么？
- 用户的需求是什么？
- 对用户来说，你的价值是什么？
- 如何定位你的产品？

我在这里给大家推荐一本书——《定位》。这本书中提到了三种定位方法。

- 对立型定位：必须有一个能够对标的竞品，最好是行业最大、知名度最高的竞品（如百事可乐和可口可乐）。
- USP（Unique Selling Proposition，独特销售主张）定位：向消费者传递一个"独特的销售主张"（如"农夫山泉有点甜""送礼只送脑白金"）。
- 升维定位：不跟竞争对手在同一概念下进行差异化纠缠，而直接升级到一个更高的维度，创造新的蓝海品类市场（如预调酒，区隔了红酒、啤酒、黄酒和白酒市场）。

我们要避开做流量的两个误区：第一，先清楚你想要的流量与你现在正在获取的流量是否一致；第二，不要执着于一些虚荣指标。只有用户明确、产品定位明确、产品和服务已打磨完成，我们才能开始正视流量这件事。流量只是流量，但用户不只是用户。如果只想着怎么"收割"用户，却没有想着怎么满足用户需求、服务好用户，就要好好思考一下自己的业务模式能不能走得长久，以及个人、企业的品牌今后是否能在业内立足了。

获客一直以来都是世界性难题。在中国，获客越来越难，成本也越来越高。然而，我们要明白一件事情——在获取流量前，一定要先把基础打好，包括产品、内容、服务等。产品不行，什么都不行。

前两年很火的社交电商的大部分费用都用在获客上，像399元的产品成本要压缩到100元以下，很多微商朋友大喊转型社交电商的口号，甚至把某个App下载量捧到了App Store第一，但不到一年的时间就销声匿迹了。这就是典型的营销手段很厉害，但是产品、服务、供应链都没跟上。

我们在做一款产品的时候，一方面要把产品和服务做好，另一方面不能只看GMV（Gross Merchandise Volume，商品交易总额），更重要的是用户LTV（Life Time Value，生命周期价值），即用户是否会复购、是否会转介绍、是不是真正的目标用户。关于流量，只要肯付出一些代价，总是有办法获取的，但是要想把流量变成留量就要下功夫。一个App在刚推出时总会有一些新用户福利，但是领完福利以后的次日留存会怎样呢？只有你提供的内容、产品满足了用户需求，才能让用户真正地留下来。

漏斗模型和梯形模型如图2-2所示。

传统流量思维　　　　　　　　　　　新流量思维

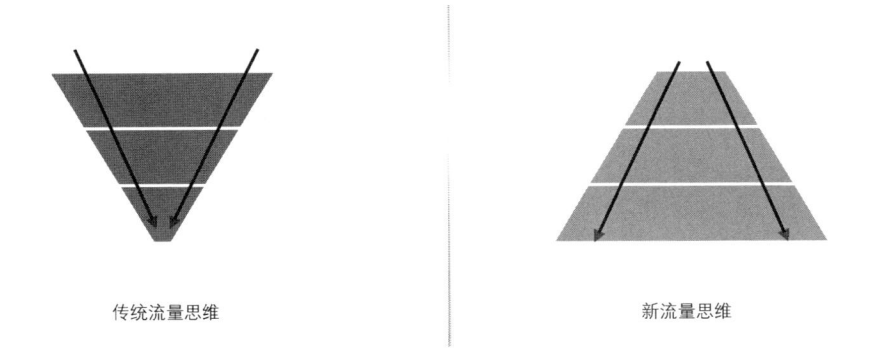

图2-2　漏斗模型和梯形模型

在传统流量思维模式里，有漏斗模型的说法，意思是流量像进了漏斗一样：第一层表示有多少人看到，第二层表示有多少人点击，第三层表示最后的销售情况。从曝光，到点击，到转化，一层层漏下去。

目前在实际运营过程中，人们更提倡梯形模型，即先积累一定的种子用户，和用户做朋友，持续做乘法。这个模型是我们读书会一直在用的。后来，我在《流量是蓝海》中看到作者毕胜老师提出的相关理论，觉得形容得非常贴切。

蜗牛读书 App 在 2017 年上线，在基本没做投放的情况下，在两年多的时间里拥有了两千多万个用户，而且有非常不错的口碑。之所以能获得用户的肯定，是因为我们主打"时间"这个概念。我们不卖书，只卖时间；不推劣质小说，专注于正版精品书；站内也不会充斥游戏、电商等广告；同时主打每天免费阅读一小时，分享给好友还能增加时长。此外，我们还"孵化"了许多领读人，他们在 App 内有一定的粉丝量和影响力。

我们也要常常思考，自己的产品是不是真正为用户提供了价值？只有解决了用户的真实需求，用户才会持续关注我们的产品。我们和用户之间除了买卖关系，还有没有存在别的关系？这也许才是破局的方向。

下面我们再来聊聊流量变现。流量变现的常见模式，如图 2-3 所示。

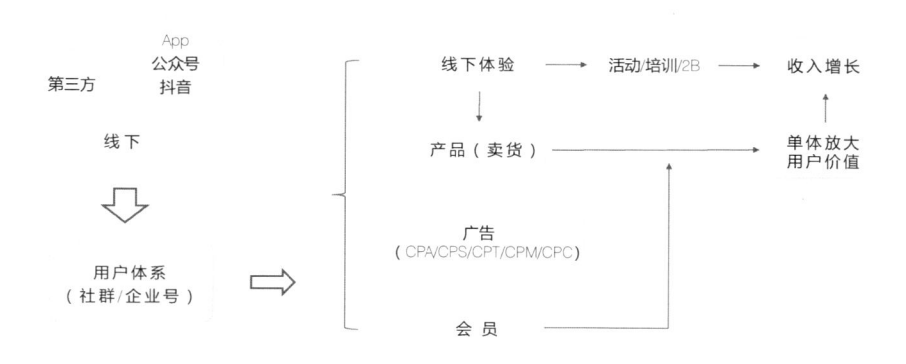

图 2-3 流量变现的常见模式

1. 线下体验

常见模式有活动、培训、用户分层衍生 2B 业务。

2. 产品（卖货）

常见模式有分销拿佣金和坑位费、自主研发产品、低买高卖。

3. 广告

常见模式有 CPA、CPS、CPT、CPM、CPC。

- CPA（Cost Per Action）：一种按广告投放实际效果计费的广告。我现在接触比较多的是知识付费课程和电商 App 的新用户激活，从 10 元～110 元不等。比如，今天有 200 人领取了广告课程，但是最后新客只有 80 人，每个 CPA 是 40 元，那么今天的收入就是 3200 元。

- CPS（Cost Per Sales）：一种以实际销售额来计算广告费用的广告，可以理解为销售额分成。比如，销售额是 10000 元，CPS 比例是 30%，那么费用就是 3000 元。

- CPT（Cost Per Time）：一种以时间计费的广告。

- CPM（Cost Per Mille）：一种展示付费广告，只要展示了广告主的广告内容，广告主就为此付费。比如，每 1000 人看了这个广告就要给渠道结算 20 元，一个 App 日活是 100 万人，那么一天的广告收入差不多就有 20000 元。只有用户量特别大的产品才能采用这种模式。

- CPC（Cost Per Click）：一种点击付费广告，根据广告被点击的次数收费。关键词广告一般采用这种定价模式，如百度、淘宝竞价。

4. 会员

比如，网易云音乐黑胶会员、网易蜗牛读书 Turbo 会员。

如果你目前正准备创业，那么你得先想清楚流量变现方式，等确定变现方式后再定位内容方向并考虑流量。

种子用户的获取：用户在哪里，我就去哪里

我平时在做线下分享的时候，用户提问最多的问题就是：种子用户应该去哪里找？我常常会告诉大家：用户在哪里，我就去哪里。

常见的用户来源如图 2-4 所示。

图 2-4　常见的用户来源

获客的方式通常有如下几种。

（1）内容引流（图文、视频创作者到各平台上通过内容引流）。

（2）线下沉淀（通过门店、老师授课、做活动引流）。

（3）付费投放获客（通过广点通、抖加、公众号、渠道等投放广告引流）。

（4）流量置换（互推）、异业跨界。

（5）活动裂变（包括资源包裂变、实物奖品裂变、公开课裂变、拼团裂变）。

（6）代理商、渠道、2B。

要先搞清楚用户画像，再去用户所在的地方通过内容、活动、福利吸引他们，在获得流量的同时将流量转化成销量。之后，利用产品为用户解决实际问题，获得用户的信任，再用老带新、裂变做乘法；或者开发一项技术，使其能够解决一部分人的需求，然后找一些内测用户来体验，靠口碑传播，这样大家就都会来使用你的产品了。比如，美图秀秀可以把自拍照修得很美，某些公众号可以实现医院挂号，某些公众号拥有独家的购物优惠券等稀缺资源和信息。

如果预算少，就可以适当去做活动，或者在小范围内测试投放。如果预算多，就可以直接做广告投放或者找代运营公司，而直接找已经有目标用户的合作方是最快的途径。如果一点预算都没有，就只能扎扎实实打磨产品和内容，通过公域引流慢慢沉淀了。

现在品牌方接广告有两种模式：一种是在官方平台（如官网、公众号）留商务联系方式，另一种是直接把广告打包给代理的广告公司或平台。公众号接广告（如新榜）可以直接在线对齐，抖音可以找巨量引擎。我有一位朋友是专接店播和抖音、小红书代运营的。网易也有自己的媒体平台。

这里我想分享一件我身边发生的事。我有一位做成人教育的朋友从大学就开始创业了，先是自己扫楼、发传单，将收集到的考研资料在 QQ 群做裂变，然后招募同学一起干，组建了自己的团队，之后又联合其他学校做资源置换，待盈利后开始尝试渠道投放和信息流。他现在成立了自己的学校，其所做的培训体量 2020 年占全杭州该类目培训的 80%。

如果你没有资源，那么你去加 100 个学生群，在每个群发红包、丢海报总行吧？大不了就是被踢出群，但你至少也是在广撒网了。你还可以去找 10 个人一起来做这件事，每个人去找 10 个群。

再分享一个我的应届生组员获取种子用户的方法：陌拜。她的第一份工作在国内某排名前二的外卖平台，她的工作任务是让更多的商家入驻。刚刚毕业、没有任何人脉资源的她非常聪明地想到两个方式：第一，从对手的平台去筛选合适的商家直接联系入驻；第二，从企查查上找合适的企业，先通过电话联系，再线下约谈有意向的，这样就可以很好地提升效率。

那些不想付费，也不想做活动，不认真做内容还想获客赚钱的，往往最容易被"收割"。原始的种子用户是最难获取的，也是最重要的，会决定你走得多远。定的目标要符合实际情况，别动不动就十多万个用户，要先从 1 个群、100 人、1000 人开始。

用户分层与用户增长：AARRR、RFM 模型

用户生命周期如图 2-5 所示。根据用户价值，我们可以将用户生命周期划分为引入期、成长期、成熟期、衰退期、流失期。而用户运营的重点工作就是通过运营来延长用户生命周期，以及通过放大用户价值来提高 LTV。

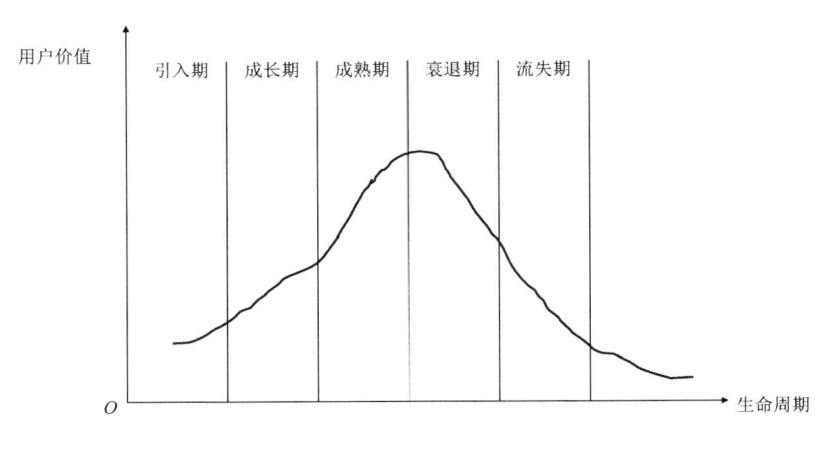

图 2-5　用户生命周期

常见的用户价值判断维度有消费金额、消费频率、最近消费、K因子（一个老用户带来多少个新用户）。

而用户增长则可以从拉新、活跃、留存、裂变、召回等多个维度来进行运营。

用户增长途径如图 2-6 所示。我们可以通过组织活动做老用户召回和新用户裂变，可以通过好的内容做自传播增长，可以通过找渠道和推广实现增长，也可以通过搭建增长模型和数据分析找到影响增长的核心指标来调整运营策略，还可以通过用户分层分别做维护，从而提升用户黏性和转介绍率。

聊到用户增长，就少不了 AARRR 这个比较经典的模型：获取用户—激活用户—用户留存—变现—推荐，从而形成一个闭环，不断增长，如图 2-7 所示。

但我们要注意，增长是研究一个产品如何从 1 到 10、从 10 到 100 的，不是研究产品如何从 0 到 1 的，在产品没有"成立"之前，不要去驱动增长，也不要用增长的方法试图让产品"成立"。

从商业的角度来看，用户分层就是区别对待不同的用户，满足不同用户多样化的需求，将资源投入产出做到更优，根据不同关键数据制定出更有效的运营策略。

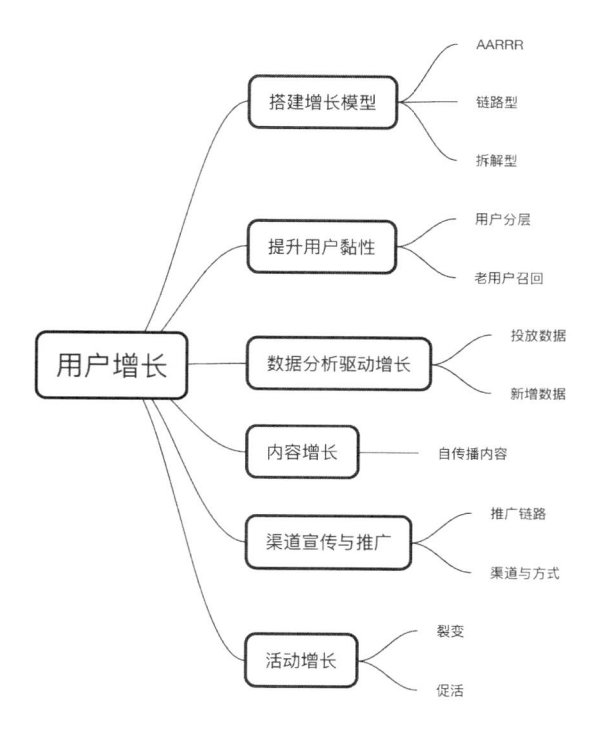

图 2-6　用户增长途径

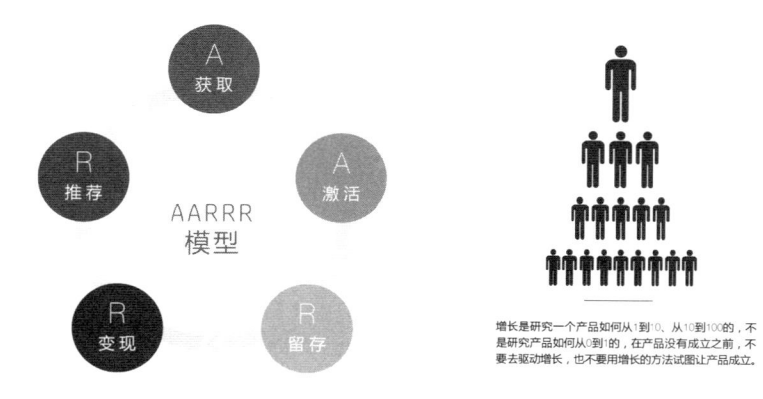

图 2-7　AARRR 模型

RFM 模型是一个常用的以用户行为来区分客户的模型。

- R：Recency，最近消费。
- F：Frequency，消费频率。
- M：Monetary，消费金额。

我们在做培训招生时，会用企业微信号来给用户打标签。

（1）自己参加过两次以上活动并且转介绍多位学员的用户（重要客户）。

（2）自己参加过两次以上培训的用户（复购客户）。

（3）自己参加过一次培训的用户（客户）。

（4）咨询过，但未参加过活动的用户（意向）。

每次有产品上新时我们会首先给种子用户推荐，如果开班前还没有招满就会发动意向用户做一个拼团特惠。对于种子用户，我们会定期推出不同的转介绍奖品。这样分层，花的精力少，效果却很好。

蜗牛读书 App 会根据用户的读书时长、写书评等行为为用户累积"境界分"，等累积到一定分值后就可以申请特殊权益，如申请成为领读人（在曝光和活动上有资源倾斜），以及享受购买产品的专属折扣。

我们在做读书会时有四个用户角色：会长、班委/队长、会员、书友。

> 会长

会长是我们的头部用户，除了自己有强消费能力，还有产出内容的能力、号召用户的能力和组织活动的能力。我们采取的是群主裂变模式（每一位会长就是一个群主）。我们把模式复制给会长，会长组建自己主题的读书社群，打造个人 IP，在各个垂直领域的圈层做自己的内容，带大家读书，一起"输入"又"输出"。我们设置了升级模式玩法，给不同等级的会长不同的资源扶持，如安排社群分享、专题页文章报道、公众号和站内资源位视觉支持、联动举办线下活动等。当然也会有推广的分销佣金。

> 班委/队长

班委/队长是我们的腰部力量，是社群里的固定岗位，可以更换人选或一岗多人。我们会邀请在活动中表现优秀的人来做班委/队长，并给实习满 3 个月的人员颁发纸质的实习证书。当然，我们也会根据积分给干活的小伙伴发红包或礼物。

招募和选拔的方式一般为私聊觉得合适的人或群里特别活跃的人在群内发起接龙报名。除此之外，还可以采用问卷招募的方式，即在朋友圈做一个问卷，通过公众号等渠道分发报名表。

> 会员

会员即有过任意消费的用户。

> 书友

书友指参加过任意活动的用户，以及 App、书馆的用户。

用户的状态是会不断变化的。从运营的角度来看，用户习惯是可以培养的，我们可以不断引导用户去做我们想要他做的事情。把 80%的精力花在 20%的用户上，效果会更好。

用户运营常用术语如下。

- LTV（Life Time Value），指客户终生价值。
- CAC（Customer Acquisition Cost），指用户获取成本。
- ARPU（Average Revenue Per User），指统计周期内每个用户的平均收入。
- ROI（Return On Investment）：投资回报率。

文案=说人话≠写作文

在前公司做新媒体运营的时候，经常会有同事来请我帮忙写文案。他们往往会说："斐斐，你快帮我想想这个活动主题叫什么，我语文不行。""斐斐，帮忙优化下文案，我写不了作文。"

不瞒大家，我是一个理科生，是一个相当不文艺的人，不会使用华丽的辞藻，毕业这么多年很多复杂的字都认不得了，平时看偏功能性、营销类的书比较多。事实上，大家似乎都进入了一个误区，觉得语文不好、不会写作文就不会写文案。

文案的目的是通过说用户能听懂的话，促使用户行动。所以，只有真正了解用户的人才能写好文案。针对大学生用户和家长用户，文案的风格是完全不一样的。我们有一款产品乐乎，大部分用户都是"95后"，他们的很多流行语连我这个"90后"也看不懂，如果我不知道他们平时是怎么聊天的，我就写不出他们能接受的、能听得懂的话。比如，奥特曼YYDS=奥特曼永远的神，xswl=笑死我了。虽然我也不懂为什么要这样说话，但是如果不了解他们的表达方式，就没法写出他们感兴趣的文案。

日本广告界殿堂级作家川上彻也在《好文案一句话就够了》中提到，撰写广告文案有三大基本原则：让对方认为与自己有关，使用强而有力的话语，让对方心中产生疑问。

我来分享一位朋友的优秀文案，如图2-8所示。

图 2-8　生活中的优秀文案

这位朋友非常聪明，他只是小学毕业，之前是一位公交车司机，自己在考证的时候认识了学校的校长，机缘巧合下做了学校的兼职招生代理。他想了个办法——买了几辆电动车，放到杭州人流量特别大的地铁口，将写好的文案印在箱子上并放在电动车上，每个月有四五万元的收入。他现在已经全职做培训招生业务了，还搭建了自己的招生团队。

我们来看两个失败的案例。

第一个案例是一位卖护肤品的微商朋友发给我的群发消息，如图 2-9 所示。大家看到这条私信的时候第一反应是什么？

× 信息量太大，排版乱，给人带来阅读压力

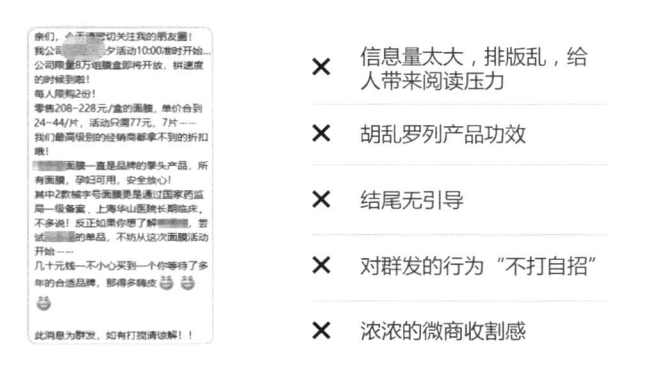

× 胡乱罗列产品功效

× 结尾无引导

× 对群发的行为"不打自招"

× 浓浓的微商收割感

图 2-9　生活中的失败文案 1

我的第一反应是：字好多=烦，看不下去；乱七八糟的功效=想"收割"我；群发=不重要。

这里有几个问题：信息量太大了，文字排版很乱，给人带来很大的阅读压力；没有重点，也没有说明产品的功效和特点；结尾没有一个引导动作，还说了是群发。对于群发的信息，一般人都会觉得不怎么重要，也就不会去仔细看了。

那么，朋友圈/私信文案该如何优化呢？

我们可以用以下思路：引起注意—产生需求—指出需求—增强说服力—促使行动，如图2-10所示。

引起注意	小姐姐，你是敏感性干皮吗/最近换季了，有没有发现自己化妆浮粉
产生需求	你的皮肤已经严重缺水了
指出需求	需要专业护理、针对性补水
增强说服力	××医院推荐，孕妇可用，风靡小红书的医美面膜
促使行动	明天10:00这个链接抢购/××元一起拼团

修改后：小姐姐，最近秋冬换季化妆是不是会浮粉？如果你是干性皮肤就要注意补水了。我最近用了××医院推荐的一款医美面膜，在小红书上也挺火的，推荐给你，如果你不放心我可以先拿一片给你试试，好的话我们一起拼团，原价××元，拼团只要××元。

图2-10 朋友圈/私信文案思路

按照这个思路优化后是不是会好一些呢？

我们再看第二个案例，如图2-11所示。这位朋友在很短的时间里给我发了一张图片和两段文字，总共三条信息，而且间隔的时间很短——第一条信息还没看完就跳出来一条，然后又一条，且完全没有介绍他的产品，只说了某品牌有一个促销活动，最后给了我两个指令。

图 2-11 生活中的失败文案 2

图 2-12 是按照思路优化后的文案。

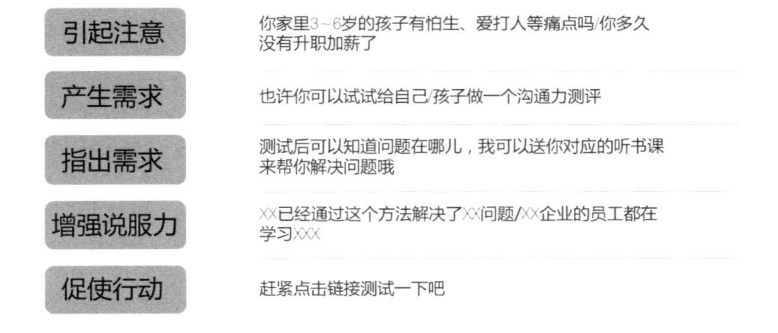

图 2-12 优化后的文案

我再次强调，文案=说用户听得懂的话，促使用户行动。切记不要"自嗨"，写一大堆自我感觉良好的文字，用户却看不懂。前几年有一些写公众号的新媒体人，通过一些爆文一战成名。其中很多内容并没有多华丽，而是让读者产生了共鸣，也只有这样，读者才会帮忙转发传播。一定要把产品的卖点描述清楚，不要一味地讲"我的产品怎么好"——"好"是特点，而卖点是"我的产品为谁解决什么问题"。

在解锁了一些写文案的技巧后，我们再来看看常见的活动海报话术。

一张活动海报中往往包含以下几个要素：

- 活动主题（副标题）；

- 活动时间；

- 活动文案（规则）+图片元素（可以是奖品，也可以是讲师，讲师要有2~3个头衔）；

- 二维码+参与方式+好处；

- Logo（可以联名，放多个Logo）；

- 适合人群。

以下是我提交给做设计的同事的文案。

主标题：6堂课解锁编程拜年新技能

副标题：6~18岁

活动日期：1月29日至2月4日。

新年专题编程课：

10分钟制作拜年贺卡；

30分钟介绍自家专属年味；

60分钟设计新年趣味游戏；

1节课编写新学期flag程序。

关注公众号即送天才少年PPT+思维导图课。

价值588元的六节课，限时免费学习！

最终的呈现效果如图2-13（a）所示，这里也附上另外两种形式的活动海报，如图2-13（b）、图2-13（c）所示。

（a） （b） （c）

图 2-13　3 种不同形式的活动海报。

下面介绍一种常见的文案——卖货型文案。

关于卖货型文案，我也推荐大家看《爆款文案》一书，其中有很多不错的观点和技巧。该书提出用文案销售产品有且只有四步。

（1）标题抓人眼球（新闻社论、实用锦囊）。

（2）激发购买欲望（代入使用场景、顾客证言）。

（3）赢得读者信任（权威转嫁、事实证明、化解顾虑）。

（4）引导马上下单（价格锚点、限时限量）。

文案要呈现的是用户想看的内容，而不是一股脑把所有的信息堆上去，且一定要说用户听得懂的话、能促使用户行动的话。

活动的策划、执行与复盘

活动需要针对不同目的和性质进行运营，并做好策划、执行与复盘。做活动是为了在短期内提升某个指标，所以，一定要明确活动目的，并制定可衡量的指标。

活动目的有很多，如拉新、销售、品牌宣传等。

下面以电商为例。

我和同事一起做电商活动时，往往会先定义这个活动的等级。活动的等级由高至低为 S 级、A 级、B 级。其中，S 级的活动如"双 11"这类活动，对于阅读 App 而言，世界读书日就是 S 级的；A 级的活动如年货节；B 级的活动指热点活动、主题活动。定义好等级后就要明确活动目的，如果是拉新，就可以设置新客 9.9 元秒杀或者送 0 门槛的优惠券；如果是提升活跃度，就可以设置拼团或者分享后领优惠券的活动。电商平台往往会做大促活动，KPI 主要看 GMV，同时还要兼顾毛利率，可以设置满 N 件打 N 折、99 元选 9 件等活动。

以读书 App 为例。在世界读书日，读书 App 会以提升品牌曝光度和日活为主要目的来做活动，那就需要去找多个品牌和 KOL 进行联动。要提升品牌曝光度可邀请一些著名的作者来录制视频，在各大平台播放、在微博上互动转发。要提升日活，可以组织有奖共读的活动。如果以销售为导向，平台就会做限时大促活动。这里有两个策略：一是让老用户复购，二是让新用户首次消费。对此，我们会针对新老用户设计不同的规则：从后台调取数据，向已经消费过的用户推送 5 折大促活动，向没有消费过但是曾多次登录 App 的潜在用户推送首充特惠活动。经测试，活动期间分类推送活动的整体转化销售额最多能比往期大促活动提升 30%。

教育行业往往会以拉新为主去策划裂变活动，大多基于小程序、公众号、社群来组织，最后通过直播或者社群进行转化。

新手在做活动时，可以简单地把活动分为四个阶段：明确活动目的，活动策划，活动执行，活动复盘，如图 2-14 所示。

明确活动目的 → 活动策划 → 活动执行 → 活动复盘

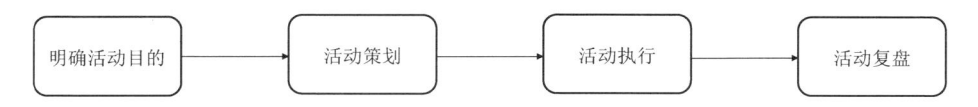

图 2-14　新手做活动的四个阶段

我们一定要记住：搞事情要有结果，要有可以衡量的数据指标来验证这场活动到底做得怎么样。这个数据指标可以是曝光度、阅读量和点击量，也可以是转化率、拉新人数和 GMV。

现代管理学之父彼得·德鲁克曾说过："一次只做一件事情，并只做最重要的事情。"如果一个目标不能衡量就不会增长。

接下来分享两种我发起的不同形式的公开课。

（1）转发海报到朋友圈，保留 1 小时，截图发给客服就可以进群。

（2）用户付 9.9 元进群，将生成的个人专属海报推荐给朋友，朋友付费后该用户可以即时收到 9 元。

第一种形式的门槛更低，可以传播给更多人，在 4 小时的时间里就有 3000 多人报名成功，最终正价课的转化率约 6%，成交 190 单。

第二种形式在宣传了两天后，只有 1300 人报名成功，转化率约 15%，最终成交 200 单。

在活动结束后，第一种形式带来的公众号关注人数更多，但是取关率也更高。第二种形式取关率更低，其中有 8 位非常有实力的传播者在后续的活动中成了我们的种子用户。经过优化，第二种形式的转化率会比第一种高。所以在组织活动时，如果以传播和拉新为主，我会采用第一种形式；如果以成交为主，我会采用第二种形式。

如果你想做活动，就可以从以下两个方向做尝试。

> 线下活动

比如，组织一次 10 人以上的桌游活动，可先核算活动的成本，包括场地费、物料费、饮品费等，分摊到门票上；接下来去找几个朋友一起来喊人参加，如去一些群或者平台转发，等整个流程走完后写一个复盘报告，这就是一次很好的练手机会。我的一位朋友为了转行做活动运营，坚持每周末组织各种活动，建了一个 100 人的活动群，在 1 年的时间里组织了 30 多场线下活动，最终找到了一份与活动运营相关的工作。

> 线上活动

比如，组织一次 30 人以上的读书打卡活动，可以是免费的，也可以是押金制的（如每人付 9.9 元的押金，完成任务后退款或全勤的人瓜分奖金池），还可以去拉赞助，等活动结束后做一个复盘，这也是很不错的组织活动的经验。我们读书会的一位同学一边考研一边参与我们的活动，做班委，后来虽然考研没有成功，但找到了一份与社群运营相关的工作。

并不是办完一场活动就完事了，我们还需要周期性地来组织活动，可以把时间线拉长到一年。有些活动可以同步组织，先制订全年的计划，再拆分成季度、月度计划并确定活动要提升的指标，并且不断优化和创新。

想从事活动运营工作的小伙伴往往会被问到两个问题：你印象最深刻的一个项目是什么？你觉得做活动运营最重要的是什么？基于此，面试前可以根据自己的实践好好准备一下。

活动运营是一个需要跨部门沟通协作的岗位，对执行力和对时间的把控能力的要求非常高，因为我们经常会遇到"时间来不及了"的情况，也会遇到人员配合不好的情况。做活动的思路大致都一样，多练就能找到感觉了。活动运营是一份虽辛苦但又很有意思的工作。我们一定要记得搞事情是要有结果的，其最直接的体现就是某个周期内某指标的提升，因此，要定好活动的目标与周期，以结果为导向来制定策略。

活动结束后的复盘是一个非常重要的环节。复盘一词最早出现在围棋里，指将双方下过的棋子按原样重新走一遍，重新检查步骤、结果，分析错误和漏洞，观察和揣测对方的策略和表现，找到盲区，并思考如何扩大优势。

有一个复盘框架叫 KISS 复盘法。

- Keep（可以保持的）：复盘这次活动中做得好的，以及后续活动中可以继续保持的操作。
- Improve（需要改进的）：哪些环节/因素导致活动出现了不满意的地方，并需要在后续活动中改进？
- Start（需要开始的）：哪些环节是在本次活动中没有设置，而后续需要开始做的？
- Stop（需要停止的）：哪些行为是对活动不利的，是需要停止的？

我们要注意总结和结构化复盘的区别，我在学习《结构化复盘》课程的时候，虞莹老师对于结构化复盘及其与总结之间的区别的解读让我印象颇深，如图 2-15 所示。

结构化复盘包括如下几点。

- 目标：老板要用这个报告做什么？目的是什么？
- 事实：哪些数据不满意？数据的差别在哪里？
- 分析：是什么原因造成的？是老板的问题还是我的问题？
- 行动：我要如何改进？

- 跟踪：这些行动结果如何？
- 规律：怎样把这次的经验固化下来？

总结	结构化复盘
这次报告中的一些数据老板不满意，主要是我没把握好需求，下次我要站在老板的角度思考问题。	目标：老板要用这个报告做什么？目的是什么？ 事实：哪些数据不满意？数据的差别在哪里？ 分析：是什么原因造成的？是老板的问题还是我的问题？ 行动：我要如何改进？ 跟踪：这些行动结果如何？ 规律：怎样把这次的经验固化下来？

图 2-15　总结和结构化复盘的区别

我在这里分享一次电商 A 级大促活动的复盘。

活动时间：

5 月 4 日—5 月 6 日。

活动资源：

5 月 4 日 App 首页 Banner 横幅广告；活动期定向人群消息中心。

活动核心数据：

活动 3 天，每日的 PV 为××人、UV 为××人、销售额为××元、购买人数为××人，如表 2-1 所示。本类目累计销售××元，较活动前增长××元；活动期峰值日销××元，较活动前增长××，离目标还有××。

表 2-1　活动核心数据

日期	PV（人）	UV（人）	销售额（元）	购买人数（人）
5 月 4 日	××	××	××	××
5 月 5 日	××	××	××	××

续表

日期	PV（人）	UV（人）	销售额（元）	购买人数（人）
5月6日	××	××	××	××

注：PV（Page View），指通过互联网访问、浏览这个网页的自然人。

UV（Unique Visitor），一般指独立访客。

活动核心工作同步：

第一时间召开内部会议，确定活动主题和主推产品方向；针对活动，寻求可落地的外推资源；对活动选品进行针对性的价格谈判，涉及 SKU（Stock Keeping Unit，存货单位）××；对活动页面设计进行了 3 次修改调整，力求更好地呈现；进行价格跟踪，根据数据调整页面和商品位置等。

针对后续工作的计划：

继续丰富和完善品类，以覆盖更多用户；但仍以现有用户习惯、销售导向、目前的爆款为核心；就类目销售数据来看，社群和 KOL 带货对于销售拉动效果显著，之后除了日常的社群活动和 KOL 分销，A 级和 S 级的大促活动都会有针对性地配备 KOL 资源拉动销售；同时注重外部流量，把外部引流环节做得更好。

关于活动的实战案例，我将在第六、七章重点分享。

数据分析驱动业务增长：N 倍增长模型

我们常说"不懂数据的运营没有未来"，因为数据是做业务时沟通成本最低的"语言"。不管是内部沟通还是外部合作，数据都可以帮助大家快速了解业务情况。

举个例子,你跟一位刚刚入职蜗牛读书的同事介绍内部情况。

版本 1:我们做的是一个电子书阅读 App,用户都是大学生。你要做的是内容运营,要提高站内的内容质量。

版本 2:我们做的是一个电子书阅读 App,有 3000 万个注册用户,70% 的用户是大学生,你的主要工作是通过优化站内的内容提升 App 的日活。目前的日活是 50 万人,希望在一个季度内可以提升 10%。

如果你是新员工,哪个版本更能让你理解你的岗位职责?

再举个例子,某公司想要找渠道去投放自己的产品,看到了如下短视频平台的 KOL 介绍。

版本 1:他在抖音有很多粉丝,带货能力很强,是个大网红。

版本 2:某短视频平台某类目排名前 3 的 KOL,5 年从业经验,1000 万个粉丝,同类目产品单场带货 GMV 达 80 万元,口碑为 4.75 分。

此外,该公司还看到了如下 App 介绍。

版本 1:这个 App 用户质量还可以,平时使用的人也挺多的。

版本 2:某阅读 App,拥有千万个用户,日活为 50 万人,往期同类产品 CPA 合作投放 ROI 大于 1。

对比一下,高下立判。

在做业务的时候,不管是运营还是老板,一定要懂得怎么看数据、怎么做数据分析。初入职场,我天真地认为自己只是一个员工,不需要懂这些。当职级开始往上升后,接触的业务越来越复杂,便发现数据的重要性。因为我不仅要做业务,还要和财务、法务、税务打交道,要会看财报、管报。如果有人将来想要自己创业，一定要对数据有敏感度。

什么是数据分析呢？数据分析是指用适当的统计分析方法对收集来的大量数据进行分析，将它们加以汇总、理解和消化，以求最大化地开发数据的功能、发挥数据的作用。数据分析是为了提取有用信息和形成结论而对数据加以详细研究和概括总结的过程（陶皖的《云计算与大数据》）。

听起来是不是有点复杂？其实完全不必担心，尤其是现在市面上又推出了很多数据分析师、Python 数据分析等的课程。

新手做数据分析可以从这几步入手：数据整理与描述、看数据、分析判断、总结预测、以数据驱动业务增长。

1. 数据整理与描述

要想进行数据分析，当然要先有数据才能分析，所以我们要先学会数据整理（可以列表也可以作图），也就是实现数据可视化。有人把数据整理当成数据分析，其实这是两个不同的步骤。

新手推荐用 Excel 整理数据。这也是想从事电商运营工作必备的基础技能。我们可以通过更多、更准确的数据更好地理解业务的具体情况。

某互联网公司有两款在运营的 App，3 月 App1 的收入是 50 万元，App2 是收入是 60 万元；4 月 App1 的收入是 70 万元，App2 的收入是 65 万元，如表 2-2 所示。单看这 4 个数字我们并不能很好地了解业务情况和制订计划，所以我们需要收集整理更多的数据，如表 2-3 所示。

表 2-2　3 月和 4 月收入　　　　　　　　　　　　单位：万元

	3 月	4 月
App1	50	70
App2	60	65

表 2-3　1—12 月各月收入　　　　　　　　　　　　　单位：万元

	1月	2月	3月	4月	5月	6月	7月	8月	9月	10月	11月	12月
App1	40	36	50	70	38	55	42	48	39	41	60	37
App2	68	62	60	65	64	60	62	61	63	65	60	61

对比两组数据，我们得知，因为 App1 在 4 月 23 日世界读书日做了大促活动，所以收入增长超过了 App2；App2 全年的收入整体波动比较小，且每月都稳定在 60 万元以上，而 App1 的起伏很大。

在整理了一年的数据后，我们就要将这些数据形成可视化图表，以更好地进行分析。不同的可视化图表适用于不同的应用场景：柱形图和条形图适用于对比分析，饼图和环形图适用于占比分析，折线图适用于趋势分析，雷达图适用于两个主体多维度对比。

我们可以根据具体的业务场景来选择可视化图表的形式。在上述业务场景下，我们可以使用柱形图来进行对比分析，如图 2-16 所示。

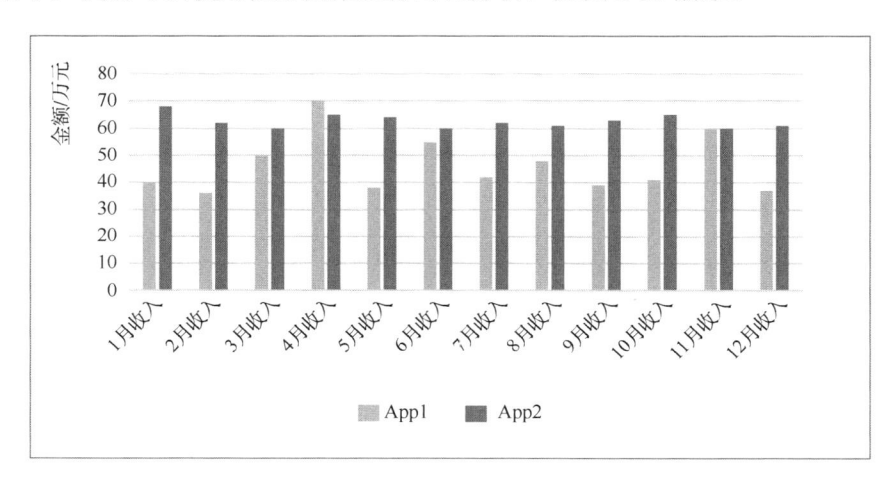

图 2-16　用柱形图对比分析两个 App 的营收情况

通过图 2-16 可知，App2 的总体营收要比 App1 高（除了 4 月和 11 月）。

这是因为世界读书日大促活动和"双11"大促活动使App1的收入增幅比较大。App2在全年都没有做活动的情况下，1月的收入是最高的，原因是春节期间用户活跃度是全年最高的。

在之后的运营中，App1需要投入精力来做各个节日的大促活动，这样才能使收入实现阶段性的增长，而App2则应该在1月这个特殊的时间聚焦活动。

我分享一个Excel里常用到的VLOOKUP函数。VLOOKUP函数是一个查找函数，主要用来查找和核对数据。这里简单举个例子。

假如我在和财务对账的时候发现订单流水数据与后台的核销数据不符，如表2-4所示，我就可以使用VLOOKUP函数轻松找出是哪几个月的数据有问题。

表2-4　VLOOKUP函数的应用

月份	订单流水数据	实际核销数据
1月	20000	20000
2月	50000	46000
3月	80000	80000
4月	120000	146000
5月	150000	150000

如果对Excel运用不熟练，我推荐云课堂、一周进步等公众号上的一些免费公开课。一定要多练习。对于一些基础的快捷键、函数公式等也要熟练掌握，这样可以大大提高工作效率。

2. 看数据

整理完数据后，就要看数据了。

某电商小店一个月的后台数据如表2-5所示。当我们刚拿到这组数据（虚拟）的时候是不是有一点懵？我们需要把核心的指标提炼出来，如当月的访客量、支付人数、转化率。

表2-5 某电商小店一个月的后台数据

日期	访客量	浏览量	支付人数	支付订单数	支付金额	退款订单数	客单价	转化率	访客量
2021-10-27									
2021-10-28									
2021-10-29									
2021-10-30									
2021-10-31									
2021-11-01									
2021-11-02									
2021-11-03									
2021-11-04									
2021-11-05									
2021-11-06									
2021-11-07									
2021-11-08									
2021-11-09									
2021-11-10									
2021-11-11									
2021-11-12									
2021-11-13									
2021-11-14									
2021-11-15									
2021-11-16									
2021-11-17									

续表

日期	访客量	浏览量	支付人数	支付订单数	支付金额	退款订单数	客单价	转化率	访客量
2021-11-18									
2021-11-19									
2021-11-20									
2021-11-21									
2021-11-22									
2021-11-23									
2021-11-24									
2021-11-25									

通过分析这些核心数据（见图2-17、图2-18），我们就可以知道该业务的具体情况了。比如，每个月的收入流水金额、毛利润是多少？退款率、客单价、流量有多少？点击量有多少？转化率有多少？而通过每个月核心指标的对比可以看出业务是增长的还是衰退的，哪个核心指标影响了整体指标等。

图 2-17　核心数据示例 1

图 2-18　核心数据示例 2

3．分析判断

分析的本质就是把一个大问题拆解成一个个小问题。我们也可以采用一些分析方法，如对比分析法、矩阵分析法、漏斗分析法、杜邦分析法、分层分析法、交叉分析法等。

➢ 对比分析法

- 和自己比（横向），包括做活动前和做活动后、这个月和上个月、今年和去年的对比分析。

- 和别人比（纵向），包括与行业内竞争对手、同公司相关人员的对比分析。

- 和目标比，指完成了百分之多少、是否超额完成。

➢ 矩阵分析法

把各个因素分别放在行和列，然后在行和列的交叉点中用数量来描述这些因素之间的对比，并通过数量计算、定量分析，来确定哪些因素比较重要，这就是矩阵分析法。

➢ 漏斗分析法

漏斗分析法，即流程式数据分析，是能够科学地反映用户行为状态及从起点到终点各阶段用户转化率情况的重要分析模型，如图 2-19 所示。漏斗分析法已经广泛应用于流量监控、产品目标转化等日常数据运营与数据分析的工作中，可以监控用户在各个层级的转化情况，聚焦全流程中最有效的用户转化路径，同时找到可优化的短板，提升用户体验感。

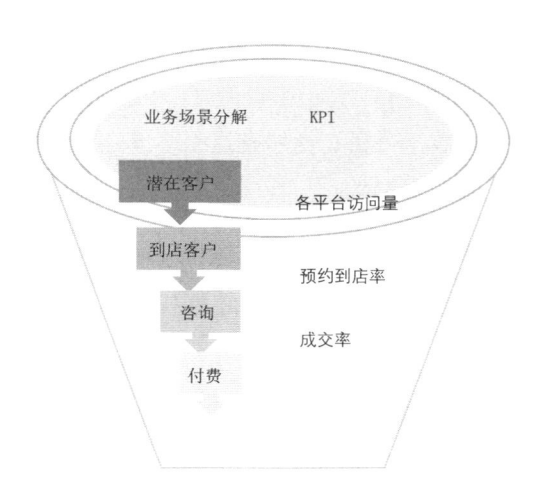

图 2-19 漏斗分析法

> 杜邦分析法

这是指利用几种主要的财务比率之间的关系来综合分析企业的财务状况。具体来说，它是一种用来评价公司盈利能力和股东权益回报水平，从财务角度评价企业绩效的经典方法。其基本思想是将企业净资产收益率逐级分解为多项财务比率乘积，这样有助于深入分析比较企业经营业绩。由于这种分析法最早由美国杜邦公司使用，故名杜邦分析法，用法如图 2-20 所示。

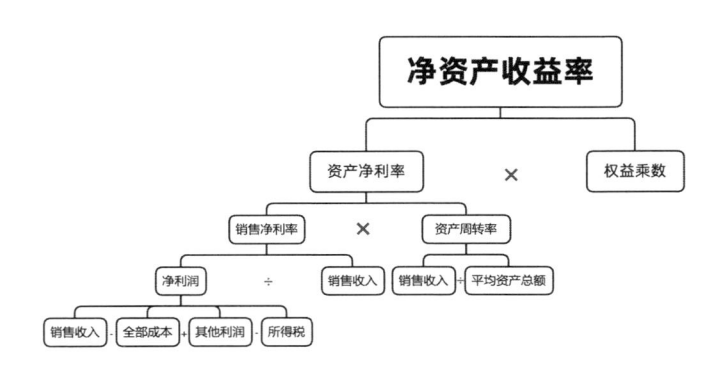

图 2-20 杜邦分析法

> 分层分析法

根据九条老师的《数据分析、竟然有这么多套路》，主要的分层分析有：RFM、COHORT、ABC 分层等。

- RFM 是电商常用的分层方法，是通过最近消费时间、消费频次和消费金额来确定用户价值，其核心是找出不同忠诚度和价值的用户群，从而进行分层分析和运营。

- COHORT 是留存分析的常用方法，即通过对比同一时期、渠道的新用户后续留存和目标转化情况，找到产品或渠道的优化迭代方向。

- ABC 分层常用于供应链的库存管理，即通过销售重要度、销售稳定性和库转维度，对在库商品进行分层，分析不同层级的核心问题，并给出解决方案，从而极大地提高库存精细化管理的效率和效能。

> 交叉分析法

交叉分析法，指同时将两个或两个以上有一定联系的变量及其变量值按照一定的顺序交叉排列在一张统计表内，使各变量值成为不同变量的结点，从中分析变量之间的关系，进而得出科学结论，如表 2-6 所示。

表 2-6 交叉分析法的应用

产品	月份	收入（万元）
产品 A	1 月	40
	2 月	36
	3 月	50
产品 B	1 月	68
	2 月	62
	3 月	60
产品 C	1 月	89
	2 月	92
	3 月	96

4．总结预测

通过表 2-7 这张广告投放表，我们可以看出渠道 1 和渠道 7 是亏损的，那我们就要先去找原因，再决定是调整、中止合作，还是缩小规模。渠道 2 的到客成本较低，且 ROI 是正向的，那我们就可以考虑增加曝光甚至预留预算来增加推广费用。渠道 4 的 ROI 是最高的，那我们就要考虑多策划内部内容与活动了。

表 2-7　广告投放表

时间	序号	渠道分类	报名人数	到客成本	ROI
12 月	渠道 1	合作方 1	237	106.64	0.9
	渠道 2	合作方 2	7995	26.23	1.8
	渠道 3	合作方 3	275	0	—
	渠道 4	内部渠道	17600	1.96	51
	渠道 5	微信 KOL	45600	56.77	1.1
	渠道 6	微信朋友圈	7370	111.42	1.3
	渠道 7	抖音信息流	16970	78.33	0.7

做业务，ROI 是尤其要分析的一个数据。

下面来举几个例子。

实习生小王跟我说开通门店在某平台团购的功能要 5000 元。这个时候她应该怎么去申请这笔费用呢？首先小王需要把门店自然流量、自己主动加客服报名活动的人员、客单价统计出来，计算一下每个月通过该渠道引流的用户数量，以及占总体新增用户数量的百分比，预计开通后每个月业务量会有多少增长，花这 5000 元在一定时间里会有一个怎样的效果。

小糖想去一个产业园做活动，摊位费要 800 元。她应该怎么去申请呢？她尝试在园区门口发传单，一中午有 3 个人成交，最后的收入是可以覆盖摊位费成本的，所以如果她申请 800 元摊位费和 2000 元活动物料经费，那么我一定是支持的。

某个做在线教育的产品想在我们的 App 上投放广告，我会给对接的商务人员一个刊例价，附上对应资源位的曝光量和同类产品的 ROI 做参考，之后会进行 3~7 天的内测，如果 ROI 是正向的，就会签长期投放合同。这时我就要通过测试的数据趋势来选择长期合作的渠道。

做业务也要学会算账，要知道怎么做才能挣钱。因此，学会数据分析很重要。

5．以数据驱动业务增长

我们可以先把用户路径画出来。假如我定义我的目标指标为提升用户看书时长，那么用户路径则为下载 App—注册登录—首次看书—持续看书，如图 2-21 所示。

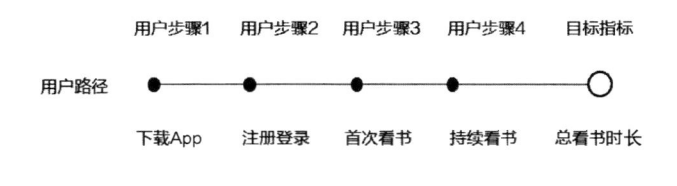

图 2-21　用户路径示例

在增长模型 1 中，我们可以将指标拆分为平行模块。总看书时长可以拆分为 App 下载量—首次访问用户比例—首次看书用户比例—持续看书用户比例—平均看书时长，如图 2-22 所示。

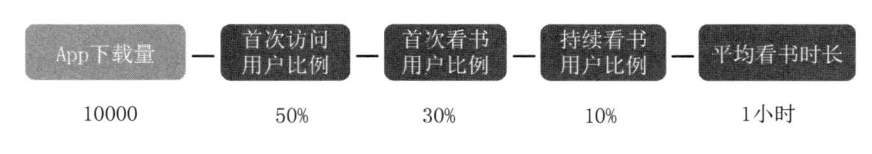

图 2-22　增长模型 1

通过这个模型，我们可以清晰地看出每个环节的数据，任何一个环节数据的增长都可以提升总量的增长，基于此，我们可以评估某个指标的增长空间和可行性。比如，让用户每天看书 2 小时、3 小时是很难的，但是持续看书的用户比例是有上升空间的，那我们就可以通过做一些活动来提升比例（如好书推荐、老用户召回）。再如，对于 App 下载量，我们可以安排一位专员去尝试做渠道推广或定期发布新版本，让应用商城帮我们做曝光引流。相对来讲，这两个数据的提升是比较容易的。

增长模型 2 如图 2-23 所示，我们可以借用此模型层层拆解相关指标。比如，每日看书总时长=每日看书总用户数×日均用户看书时长，变量为每日看书总用户数。每日看书总用户数=每日新增看书用户数+每日老用户看书人数。每日新增看书用户数=App 下载量×首次看书用户比例，每日老用户看书人数=注册用户数×持续看书用户比例。最大的问题在于老用户持续看书的比例太低了。

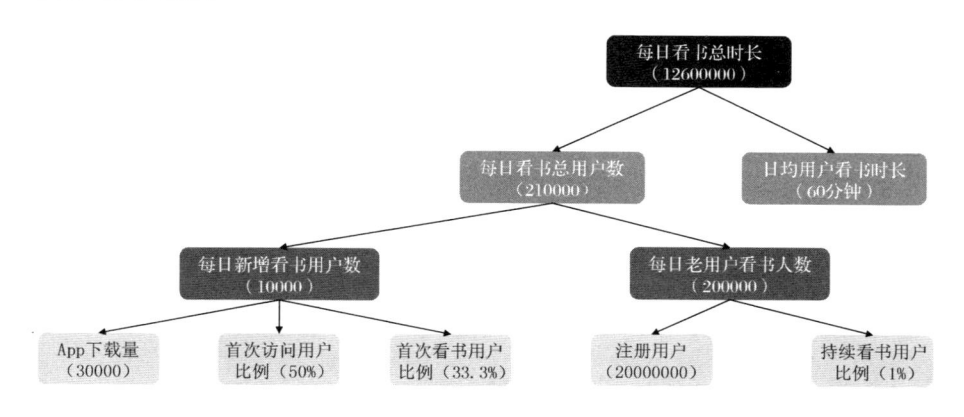

图 2-23　增长模型 2

熟练地掌握数据分析和搭建模型不仅可以很好地为业务方向提供科学的指导，还可以很好地引导团队协作。比如，某 App 的月活跃用户数是 200 万人，今年的半年度目标是不考虑营收，将月活跃用户数提升至 300 万人。

那新增的 100 万人怎么拆分呢？全部交给商务组让他们去砸钱吗？一个新客成本是 50 元，100 万个新客要花 5000 万元吗？当然不能这么做。

增长模型的实际应用如图 2-24 所示。我们可以这样来拆分：月活跃用户数=新增活跃用户数+已有活跃用户数。新增活跃用户可以分为新用户和促活两个模块，已有活跃用户可以分为老用户和留存两个模块。新用户可分给渠道、商务团队来做，运营团队来做新用户的促活和老用户的留存，还可以做老带新裂变活动，也可以研发新的产品、开放新的功能、发布新版本，还可以用新的内容方向来"破圈"。所以如果有 100 万个新用户的增长指标，则可以分给运营团队 50 万个，甚至可以再拆分为活动新增用户和内容新增用户，这样就可将 20 万人的用户增长指标分给产品团队，通过研发新功能、发布新版本来实现增长；将 30 万人的用户增长指标分给渠道、商务团队，相对来讲是比较容易完成的。整体的成本也会大幅度下降。

指标拆分与团队协作

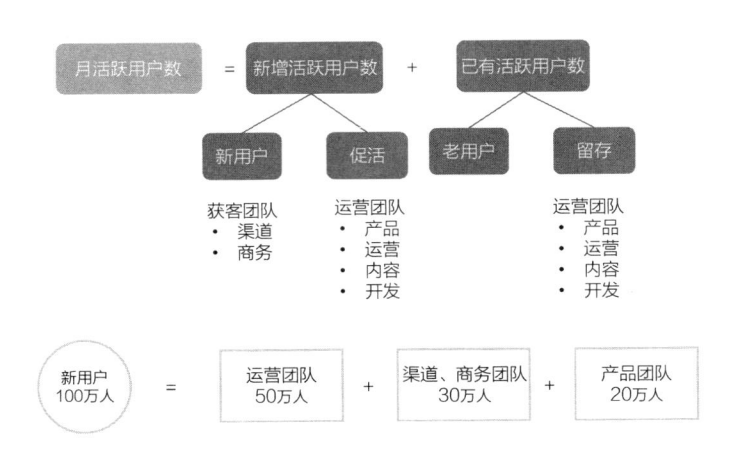

图 2-24 增长模型的实际应用

我也想提醒一下职场新人，在找工作的时候一定要明确自己到底是不是真的擅长数据分析。我这两年看了不少简历，80%的人都会写擅长数据分析，这80%的人里有50%的人的简历上一个数字都没有，而这50%的人里又有50%是连Excel都不熟练的。

数据分析是一个重要的基础技能，大家一定要好好掌握并多加练习。做到"见数知结论"——见到数据就会马上想到数据背后隐藏着哪些信息，以及"要结论去找数"——想要解决某个问题时知道需要寻找哪些数据做支撑。

绩效管理与绩效目标制定

管理是实践，管理是激发善意和潜能。——彼得·德鲁克

管理的本质既不是协调，也不是决策，更不是控制，而是通过激活与释放管理对象的能量和潜力，为目标、结果服务。绩效管理可使个人和团队目标与组织战略方向保持一致，从而使公司可以辨识、衡量和发展员工绩效。

我们可以用PDCA法则来做绩效管理。

- Plan：制订计划。
- Do：执行，沟通辅导。
- Check：检查，考核面谈。
- Action：处理，诊断与改进。

绩效目标的制定可以从两个维度来拆解，如图2-25所示。

- 由大到小：将大目标分解成若干小目标，再将小目标分发下去，让团队的每个人都知道自己该干什么。

- 由远到近：从未来 5 至 10 年的愿景，到未来 3 年的目标，到 1 年、半年的目标，再到季度、月度、周目标。

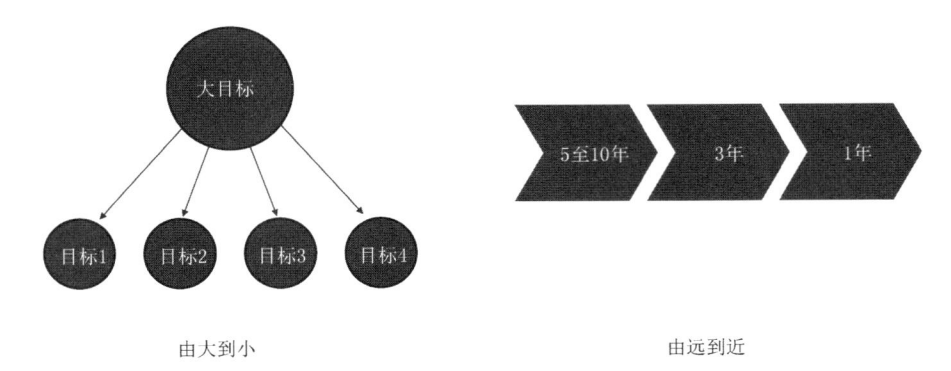

由大到小

由远到近

图 2-25　制定绩效目标的两个维度

比如，全年的目标是 1000 万元，拆分到半年度是每半年度 500 万元，拆分到季度是每季度 250 万元，拆分到月度是每月约 83 万元。

我们常用的绩效管理方法有 KPI 工作法和 OKR 工作法。

KPI 是通过对组织内部流程的输入端、输出端的关键参数进行设置、取样、计算、分析，衡量流程绩效的一种目标式量化管理指标，是把企业的战略目标分解为可操作的工作目标的工具，是企业绩效管理的基础。KPI 是部门主管明确部门的主要责任，并以此为基础，明确部门人员业绩的衡量指标。建立明确的、切实可行的 KPI 体系是做好绩效管理的关键。KPI 是用来衡量工作人员工作绩效表现的量化指标，是绩效计划的重要组成部分。

KPI 工作法符合一个重要的管理原理——二八定律。在一个企业的价值创造过程中，20%的骨干人员创造了 80%的价值。在每一位员工身上二八定律同样适用，即 80%的工作任务是通过 20%的关键行为完成的。因此，必须抓住 20%的关键行为，对之进行分析和衡量，这样就能抓住业绩评价的重心。

OKR（Objectives and Key Results，目标与关键成果）来源于 1954 年彼得·德鲁克在《管理的实践》中提出的"目标管理和自我控制"。OKR 工作法是指运用 OKR 模式进行工作目标与绩效管理，如图 2-26 所示。O=目标：你想要什么，KR=关键结果：你打算怎么做。OKR 工作法适用于创业公司、成熟公司转型及快速扩张的企业；适用于研发部门、创新项目及支持业务的部门，以及团队合作比较紧密、无法用 KPI 工作法来衡量的岗位。

图 2-26 OKR 工作法

KPI 工作法与 OKR 工作法的共同点是都遵循 SMART 原则。SMART 原则如图 2-27 所示。

- S：具体的，关键指标要明确。
- M：可衡量的，量化相关行为。
- A：可实现的，具有挑战性，努力突破后可达成。
- R：相关的，与公司战略、目标及部门职责相关。
- T：基于时间的，明确指出目标完成的时限。

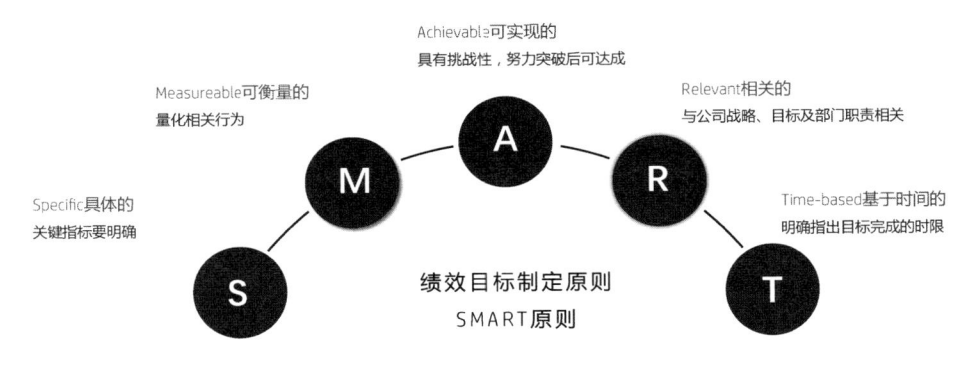

图 2-27　SMART 原则

KPI 工作法和 OKR 工作法的区别在于：KPI 工作法更重视对结果的考核，要求 100%完成，与薪酬直接关联；OKR 工作法更重视过程跟踪，允许测试失败。KPI 工作法是自上而下的管理，OKR 工作法是自我管理，上下结合。KPI 工作法相对稳定，OKR 工作法是动态调整的。

当然也可以同时使用 KPI 工作法和 OKR 工作法，如年度绩效用 KPI 工作法来设定，季度绩效用 OKR 工作法来设定。KPI 工作法比较好理解，我们来重点聊聊 OKR 工作法。良好的"O"应该是可达成的、可执行的，对业务是有价值的，结果是可控的；良好的"KR"应该是可量化的、激励人的，具体且有具体负责人的，有流程管理的，也是能推动正确行为的。

➢ OKR 工作法的特征

OKR 工作法的特征包括聚焦（O：2~5 个，KR：2~4 个），透明（信息畅通、可信任、正向），协作，挑战。

➢ OKR 工作法的管理周期

OKR 工作法的管理周期包括年度、季度、月、周。

打分标准：0~0.3 分，没有完成；0.4~0.6 分，无难度的任务，努力后部分达成；0.7~1 分，几乎不可能完成的任务，完成了或完成得不错。

> OKR 工作法的落地逻辑

OKR 工作法的落地逻辑：使命—愿景—战略—目标—关键结果—任务—计划。

OKR 工作法在工作和生活中的应用，如表 2-8、表 2-9 所示。

表 2-8　OKR 工作法在工作中的应用示例

	KR1	KR2	KR3
O1（App 用户日活增长 50%）	新用户增长 15%	老用户召回 10%	用户的留存率从 25%提升至 35%
O2（收入增长 30%）	尝试 3 个不同方向的测试	广告收入增长 30%	会员收入增长 20%

表 2-9　OKR 工作法在生活中的应用示例

	KR1	KR2	KR3
O（一个月减肥 5 斤）	每周运动 4 天，每次 30 分钟	晚餐进食减半	一个月不吃甜品和油炸食物

关于绩效，除了对团队的管理，向上管理也很重要，因为只有明确目的，才能找到好的解法，所以也可以问问领导的目标大概是怎样的，领导对自己的预期是什么，自己哪些地方可以做得更好或者需要改进等。

《孙子兵法·军形篇》中有"五曰"，即"一曰度，二曰数，三曰量，四曰称，五曰胜"，简单来讲就是对度、数、量、称等要素的把控与拿捏将决定最终的胜负。翻译成现在的话术，"五曰"即成本、匹配、效率、度量、结果。

职场高效沟通与商务谈判技巧

我们公司内网有一个热帖"你想要和什么样的人成为同事",有一条留言火了——希望沟通能力强。沟通是双向的,首先要说清楚自己想表达的,让别人理解自己的意思;其次是能听懂别人的意思,这样会让工作更加高效。

可见,沟通能力多么重要。

现在的很多年轻人喜欢在网络上社交,常常会说自己"社恐"。我的组里就有一位组员,业务能力非常不错,但是很害怕和人交流。有一天,他跟我说:"你能不能帮我和 A 说一下下周我想协调一个设计需求。"我说:"A 不就坐在你的对面吗,为什么还要我帮你说?"他听罢面露难色。其实,在业务上他有很多想法和创意,一到和合作方交流他就变"哑巴"。也就是遇到我这个马大哈,不然他的功劳早就被别人抢光了。这样的人在职场里是非常吃亏的。除此之外还有一种情况,就是有的新人在汇报工作的时候总是说一些细节问题,没有重点,让人很着急。

我小时候也非常怯场,老师问问题,我知道答案,但一站起来回答就卡壳了。

我刚入职场的时候,有几个场景会让我感到心虚:

- 在电梯里遇到主管;
- 跟主管汇报工作;
- 主持会议或线下活动。

当我开始带团队以后,有几个场景会让我感到不适甚至心烦:

- 组员跟我汇报工作；

- 跟组员谈绩效；

- 跨部门协作遇到特别难沟通的人。

其实这些问题是可以通过练习改善的。像紧张、怯场和用词不当等都是小问题，更多的还是要去思考、掌握沟通内容的框架结构。

1. 学会说话前先学会闭嘴

有的话说多了还不如不说。老话讲："祸从口出。"说错一句话，可以失业，可以被企业抵制，可以让明星"凉凉"。我妈妈从小就教导我："要远离是非，别人在讲八卦时，若你凑近听，等事情传开后人家会以为是你讲的。"我最近在看一部电影《波斯语课》，其中有一个情节是，一位女下属对上司不满，不仅偷偷举报了上司，还跟同事议论大领导的个人缺陷，被竞争对手听到后跟上司打了小报告。上司趁着大领导质问他举报信的时机，告诉大领导这个女下属议论大领导个人缺陷的事，结果上司的危机就此解除，这位女下属却被调到一个最差的岗位上。

在与人打交道时，人们更多地会从这个人的言论来判断他是什么样的人。所以我们在讲一句话前，要先确认这句话的真实性，同时思考说出来会造成什么后果、有什么作用，并换位思考这样的表达方式会不会让人感到不适。

2. 沟通的框架与步骤

在沟通时，我们可以用三个步骤来搭建每一次沟通的框架：**观察并承认情绪，明确事实，根据需求给出解决方案。**

> 观察并承认情绪

为什么要去观察情绪呢？"领导今天心情不好，有什么事情你晚点再找他。"你有没有听过这样一句话？当遇到情绪控制能力不够的领导心情不好时，如果你跟他报告一些让他糟心的事情，就有可能被骂；如果问他一些决策，可能得不到最佳的指令，导致最后背锅的人是你；如果有东西需要他审批，很可能被卡住。所以，如果不是很着急的事，不如等领导情绪平复了再汇报，不然往往得不到你想要的结果。怎么观察情绪呢？一是看脸色，二是看用词。如果对方说了"你永远""你老是这样""你总是"，基本就是对方已经想起了一些不愉快的经历，陷入情绪中了。

这个方法同样适用于亲密关系。比如，很多夫妻或者情侣吵架总喜欢翻旧账。面对这种情况，可以说"我现在有情绪，需要消化一下，我们晚点再来聊这件事情""我现在需要一个拥抱"，这样说话可以给伴侣一个台阶下。之后再聊这件事情的时候，也不要去责怪对方，而要陈述事实和感受。比如，"我并不介意你把我的旧手机送给你妈妈，但是这是你第一次陪我过生日时你送我的礼物，对我而言是非常有意义的，所以我感到委屈，希望以后有类似的事情，你可以先和我商量一下，现在我想要你帮我按摩 10 分钟肩膀，等你下个月发了工资送我一瓶我很想要的香水，我就不委屈了。"既然事情已经这样了，不如把劣势转换成他对你的歉意，顺带要一点好处。在这里我也分享一个 30 岁女性的小经验：男人最看重的是面子。无论发生什么事情，不要在外面或当着第三个人的面去数落、责骂、抱怨他，在外面给他留足面子，回到家怎么发脾气都行，当然最好不要发脾气，让他干活或给你买东西是最能让他长记性的。吵架的时候，如果你还想和他长久地在一起，就不要用冷战来解决问题，有时候不妨给对方一个台阶下，还能得到你想要的。处理人与人之间的关系就像在银行里存钱，你帮我、我帮你，你照顾我、我照顾你，就是在存钱；吵一次架、发生一次矛盾就是在取钱，钱取完了，关系也就到头了。

如果是同事之间的沟通，则需要马上给出解决方案。

举个例子："小 A 你好，我理解因为下雨活动场地没有按时开门，学员对你态度不好你很委屈，目前的情况是有 5 位学员投诉了，我想申请 20 张咖啡券作为对学员的补偿，这个成本要算在场地费里。另外，希望明天可以安排专人对接，保证场地在 9:20 前开门，如果没有人对接，是否可以把场地钥匙留给我们？你看看怎么操作比较合适。"这个时候再去责怪他已经没有用了，而是要想补救方案及思考后续怎么避免类似情况发生。

> 明确事实（背景、时间、地点、人）

这就需要先去确认到底发生了什么事、双方有没有信息差等。如果只是误会，解释清楚就好了。如果确实是我方的问题，不要逃避，承认事实，勇于承担，给出解决方案。有的时候，用户要的是一个态度，售后做得好，是有机会把一件坏事变成一件好事的。做业务，永远会遇到问题，有的问题，能帮我们把产品迭代得更好，要重视用户的声音。

> 根据需求给出解决方案

案例 1

用户在活动前购买了我们的产品，过了一周，这个产品在促销活动中有了特惠价，用户就开始投诉，要求退差价。我们给出的方案 1 是补对应差价的购物卡；方案 2 是退货，但是要扣 0.6% 的手续费。用户最终选了方案 1。

并非对方有情绪我们就要满足对方的所有条件，而是给对方选择的机会，争取和平解决问题。

案例 2

有一次我们公司的员工在参加了我们的活动后，在我们的招生帖子下面留言投诉。具体留言内容如下。

本人昨天刚考试完，说下实际感受。

（1）培训课很"水"。比如，考试有按摩实操部分，但课上并没有教；关于其他画眉技巧之类的，培训课程中也没有。我还被老师点名批评了。

（2）考试规则不清晰。一是搭档，培训时老师说要找好搭档配合考试，我们误以为自己会和搭档在同一个考场、同一个考试时间，实际上并不是，我和我的搭档就是一个上午考一个下午考，这意味着我们要花一整天时间做这件事。二是考试时间，一个人考试要 45 分钟，那么我和搭档两人就是 90 分钟，但老师没说清楚这 45 分钟是完成底妆+彩妆的时间，而我们所有上课的人都以为完成彩妆时间是 45 分钟，平时练习也是按照 45 分钟来的，所以临到考试有点手忙脚乱。三是考场上也有其他渠道一同考试的人，从××报名的，据说他们的老师非常负责任，讲课很认真。

以下是我的回复。

同学，您好！首先对您的糟糕体验表示抱歉，您用心复习和准备后还被点名批评了一定很难过。也感谢您对课程的反馈，我已经和学校了解过具体情况，现在给您一个答复。

关于教学内容不够丰富的问题，因为这是考证班，以让大家通过考试为目的，所以老师是按考纲来教学的，我们接下来会更重视实用性，并从以下三个方向来调整。

（1）原师资已更换为具有丰富考评经验的老师。

（2）课程已录制成网课，可以回看。

（3）已邀请一线化妆品专柜的美容顾问为课程增加一些实用性的内容，并给学员提供个性化的建议。

关于考试时间，今后会要求老师用更精准的话术解说（1 人是 45 分钟，2 人搭档是 90 分钟）。

关于考点和评判标准等细节问题，考试大纲刚刚更新过，和您参加的培训有一个时间差，您学习的时候按摩的部分确实是没有的，不过眉毛的部分是有的，我们也有往群里发视频。后期我们会加快信息更新频率，并及时在学员群通知。

再次感谢您的反馈，并诚挚邀请您来参加下个月的复训，费用全免。如果您能到场，我会安排一份小礼物表示歉意，希望您可以接受。

在她投诉前，只有 1 个人报名了；在我回复后，报名人数增加了 10 个。我们不可能做到让人 100% 满意，但是要表现出自己负责任的态度。

3. 沟通技巧

第一种沟通技巧就是先自报家门，如果真心想结识一个人就要做好功课，交流时要认真倾听，不要随意打断对方的发言。我经常受邀参加一些线上或线下的分享会。有些人会在活动结束后加我好友，有一半的人上来就说"你讲得还不错"，或者直接抛给我一个问题"关于用户增长的问题你怎么看呢？"这是不礼貌的，你至少应该先自报家门（如我是谁、从事什么职业），然后可以表达想请教什么问题。

真正的沟通高手并不会自己夸夸其谈，而是会让对方说更多的话。要耐心地等别人说完，并给予反馈。比如，"是的，我也认可，我可以再补充一下细节吗""关于这个观点，我有其他想法哦"。如果你能及时给对方反馈，让对方畅所欲言，那才是真的厉害。如果你和一个人交流得很愉快，那么很可能对方的情商和见识都在你之上；你觉得对方是你的知己，有可能是对方的涵养好，在"降维"和你交流。

第二种沟通技巧就是不要直接问问题，用一个事件、社会现象、行业观点等来旁敲侧击。看似请教，实则在收集信息。

大家来对比一下。

问法1：看你年纪也不小了，应该有孩子了吧？

问法2：你在教育行业有这么丰富的经验，不知道怎么看三孩政策？

如果家里有孩子，大部分都会说"我生了一个就已经压力很大了，更别说三孩了"，如果没有孩子会说"我一个都没生呢"。

第三种沟通技巧就是不要批判对方，而是根据事实情况来表述自己的感受。

说法1：你这个人，怎么这个样子！

说法2：这样操作会让我很为难呢。

说法1：你干吗这么凶，不能好好说话吗？

说法2：你突然提高音量，吓了我一跳！先缓缓，不着急，咱们先弄清事情的背景吧。

4．实用场景与公式

➢ 关于工作汇报

项目结束阶段的工作汇报，一定要结论先行，且带数据，然后复盘亮点及反思不足，给出下一个阶段的方案并争取资源。

主管好！本次6·18活动最终成交200万元，效果超出了预期的30%，建议之后每年都做。我已经出了两个方案，我需要的支持是对应的重点资源位。辛苦您看一下。

➢ 关于提案

提案要用最简练的文字陈述客观事实，包括背景、目前的情况、解决方案等。注意一定要先对照领导的目标，明确自己的目标是否合理，然后把进度赶在领导前面，最后通过提诉求来借力。

主管好！您提到咱们前期的目标是做用户量，基于此，我的目标是在下半年将付费用户从3000个提升至10000个，毛利提高25%。对此，我有两个需求，需要增加3个人，并将收入部分的10%作为推广费。辛苦您过目。

➢ 关于突发状况

主管好！周六的活动我建议延期到下周日，因为周六有台风，有关部门通知本区所有场地都不能组织户外活动。我已经打电话确认过嘉宾的时间，下周日是可以的。如果您觉得不合适就建议先取消这次活动，预计造成的损失是××元。

> 关于争取时间

关于这个问题，我需要一点时间确认数据和做 B 计划，明天下午 3 点前给您答复。可以吗？

我手上有一件需要紧急处理的事情，30 分钟后我去找您。可以吗？

> 关于活动开场

开场介绍+感受+行动。开场介绍，可以介绍自己，也可以介绍主办方；感受，可以表示感动或感谢，如"天气很热，但大家都到场了，我们非常感动""同学们很热情，非常感谢大家"；行动，可以说今天的安排，也可以说今后的愿景。

> 关于谈绩效或批评员工

先抑后扬，先肯定优点再找问题，应让员工自己先发现问题，然后你来点评。切记提出问题的时候要讲事实，不要讲主观感受，如"我觉得你效率很低""我觉得你不积极"，可以换一种说法"目标完成度不足 50%""项目完成时间较原计划超了一个月"。

> 关于跨部门协作

少说"你"，多说"我们""咱们"；少说"明白吗""懂吗"，多说"我说清楚了吗"。尽量消除信息差，达成共识。比如，"目前进度有点儿赶，是不是遇到了什么困难，有没有我能支持的"。

5．商务谈判

首先要明确双方的需求，明确这次合作一定是共赢的。除此之外，还要明确这次谈判的底线，既然是谈判，那么对方手里一定有你想要的东西或筹码。要在底线的基础上争取更多的资源和有利的附加条件。尽量不要问对方"怎么样"，要给对方选择，并且要从对对方有利的点来说服对方。

案例 1

> 和合作方聊合作，对方表示所有的合作都以指导价来对外收费，并且要扣除指导价的一部分。我方在这次合作里有两个想要博弈的关键点：一是指导价太高了，不利于市场推广；二是成本太高，我方利润太少。如果我方直接说"价格太高了，做不了，能不能让一点儿"，对方用一句话就能堵死，如"这个成本比例和指导价都是统一的"。
>
> 我们要从双方的需求去谈，双方的需求都是想快速把市场做起来，想在一年内把用户数量做到 10000 个以上，其实在前期，收益并非那么重要。假如我去谈判，首先会表示我可以理解对方的规则，但是我做了市场调研，只有比同类竞品的价格更低才能做到每月 800 个用户的数据。想要快速推广，价格只能低于同类竞品。基于此，我们这边出了三个方案。
>
> > 第一个方案：做一个前期的推广价，限时间、限名额，大概是低于指导价 1000 元的价格，成本可以在推广价的基础上按原比例结算。如果给到这样一个权限，我们可以宣称我方的活动是一个补贴活动，

> 这样是不会扰乱市场价的。另外，我们可以设置一个合作附加条件，如果一年内做到 10000 个用户，就拿出利润的一部分用于课程平台的建设与研发，如果连续 3 个月不能达成指标，则可以取消对我们的授权。我们有信心在半年内让对方现有用户体量增长 50%。
>
> 第二个方案：直接固定一个结算比例，我们以奖学金的形式给学员补贴高于市场价部分的学费。
>
> 第三个方案：如果按原条款签合同，就会把这个项目从 S 级项目调整为 B 级项目，对应资源也会降低标准，预估只能达成目标的 30%。

最终，合作方选择了第一个方案。其实我的第三个方案就是一个"炮灰"方案，是做对比用的。如果对方选择了第三个方案，我有可能再争取一次，真的没有余地的话就终止合作。

案例 2

我的一个广告主 A 预算充足，但是配合度很差，经常会出现素材给得不及时、对接人不回消息的情况；另外一个广告主 B，一直都很配合，但是整体收益没有广告主 A 高。在广告主 A 多次配合不及时的情况下，我停了他们一个月的位置，把所有的曝光资源都给了广告主 B。假如刚好这个时候广告主 A 在其他渠道的投放效果没有在我这边好，我就可以"坐地起价"。这个时候，我就要去试探广告主 A 的底线了。我先报了翻倍的价格，对方觉得过高。然后我又给了一个方案，表示增加 50% 的曝光量，价格只提高 30%，并且要求充值预付，如果不配合就扣费。广告主 A 马上就同意了。

所以谈判的时机很重要，更不要表现得很急，谁表现得急谁就吃亏。有的时候，我们要适当地晾一晾对方。

谈判是一门技术，在很大程度上反映了一个人的情商和观察力。会说话在职场中是非常重要的，会决定你能不能走得更远，也会让你做事情更容易。小时候，我理解的高情商就是会说漂亮话；现在，我理解的高情商就是说话恰如其分，让人觉得和你相处舒服。并且，高情商的最直接体现就是对陌生人和亲密的人一视同仁，可以控制自己的情绪，能好好沟通。我个人认为，高情商的沟通可以用四个词语来总结：真诚、平等、舒适、有效。

关于沟通，我想推荐大家看几本书：《好好说话》《人性的弱点》《沟通的方法》。除此之外，也可以看看 TED 演讲、学学 EMBA 的谈判教程。

中篇

运营的主阵地

第三章

社群运营：拉新—建群—活跃—转化—裂变

关于社群的内容是我想重点分享的，因为这是一个虽然入门简单，但是不用心很难做好的业务。关于这个业务，我还要讲一个"无心插柳柳成荫"的故事。

最早我转岗到新部门时，KPI 是通过图书电商做考拉 App 的用户增长（说得直白一点就是卖书，并且买书的人得是没有用过这个 App 的新客户）。我就思考，京东、当当都已经这么成熟了，而且价格做得那么低，有什么办法做出差异化呢？于是我就想了一个方向：增值服务。用户在别的平台买一本书就只是得到一本书，在我们的平台买一本书除了得到一本书，还可以享受增值服务——在社群里和书友一起打卡、有机会听作者的分享或与作者交流。于是我就想到了曾经合作过的《引爆微信群》的作者老壹老师和陈栋老师，想要和两位老师一起合作来做一次内测。在两位老师的指导下，我们在一次线下的社群营销公开课上发起了网易社群读书会项目，只要购买《引爆微信群》就可以成为会员，有意向一起参与的书友只要推荐 5 位书友购买《引爆微信群》就可以成为读书会的会长，可以一起组织读书活动，并且还有拉新奖励。我们在 3 天的时间里裂变了 10000 多位社群书友，在半年的时间里又进行了多次升级迭代。后来，在蜗牛读书 App 负责人的邀请下，我开始负责蜗牛读书这个产品，与社群读书会结合，组织了网易蜗牛读书会。在这个过程中，有很多用户想找我学习社群运营，我又研发了读书会的会员卡、社群运营系列线上课程和线下技能培训课程，还衍生了蜗牛企业研学业务、职业技能认定业务。我在后续很多业务中用到了社群这个工具和模式，而因其高效、低成本，也适用于很多场景和业务。

从读书会到职业等级认定项目组，我经历了如下几个阶段。

- 社群读书会：以用户增长和销售实体书为目标。
- 将社群做成一个产品：以销售读书会会员卡、知识付费课程为目标。
- 2B 合作：读书卡定制、广告、培训。
- 职业技能认定组：职业技能认定。

接下来，我会把自己实战后总结的一些工具、方法论和案例整理分享给大家。不过我也要给大家打个"预防针"：这些听起来不错的数据不是一蹴而就的。粗略算下来，我差不多"搞垮"了 1000 多个群才跑通了社群的模式。

我失败过太多次，但又有什么关系呢？只要我坚定地知道自己要做什么，并在每次失败中不断总结经验，就有机会。

社群的定位：到底要不要做社群

2019 年，"私域流量"这个词火了一把。根本原因是互联网获新客的成本太高了，而将用户聚集在私域流量池里可以反复触达用户，还可以做一些裂变活动，让老用户进行转介绍，从而有效降低获客成本。

但是，私域流量≠微信群≠社群。

我们先来看看社群的变迁史，如图3-1所示。

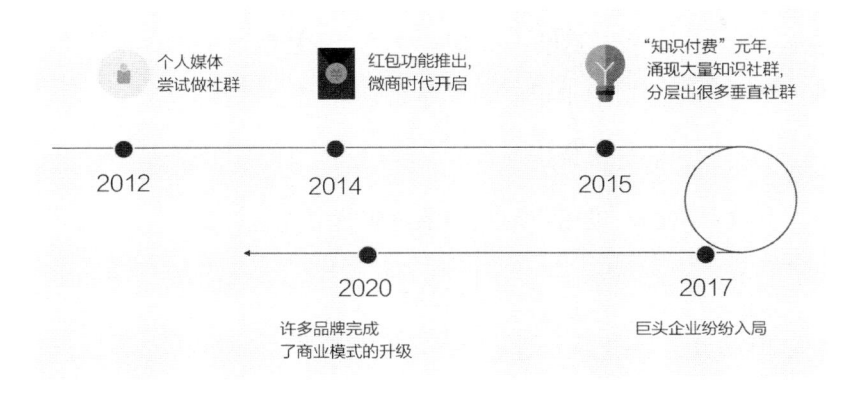

图3-1　社群的变迁史

2012年，一些个人媒体开始尝试用社群组建一些游戏群、二次元群、读书群、考研群。2014年，微信推出红包功能，一些聪明的人就开始用红包吸引人加群卖货，微商的时代正式开启。

早期微商主要分为以下几种卖货模式。

（1）代理拿货。这种微商主要卖减肥产品、面膜等。但这种模式往往是金字塔顶端的人能赚到钱、底部的人囤了货亏损。赚到钱的人收获了一批代理，并跟着自己不断换项目。由于产品的利润大多用于层层抽佣，产品的品质往往做得不是很好，再加上一些"喜提豪车、P收款截图"等夸张操作，微商的口碑慢慢变差了。

（2）代购。常见的有日本和韩国的护肤品代购、免税店奢侈品代购等。有的代购确实挣了一些辛苦钱，但也有没有商业道德的人收了钱就拉黑用户，或者收了正品的钱发假货。一时间，代购行业鱼龙混杂，产品真假难辨。

（3）分销。这种模式主要看拿货的渠道是否靠谱了，不过利润有限。有几个品类是真的赚钱，不需要囤货，有订单了就一件代发。不过我不建议大家做这个，赚不到钱等于白辛苦，赚到钱也有违法违规的风险。

其实我一点都不排斥微商，并且觉得能做好微商是非常不容易的，但前提是不触犯法律红线，不过多地"打扰"微信好友（刷屏广告）。做微商有一个前提，就是需要大量的好友，并且被好友认可，其实这是很难的。曾听到有同事说，打工赚不到钱，不如回家做微商算了。开玩笑！微商比上班难多了。

到了 2015 年，"知识付费"时代开启，因为线上课程是一种边际成本固定（边际成本指的是每个单位新增生产的产品或购买的产品带来的总成本的增量，如录制 1 节课卖给 1 个人和卖给 100 个人的制作成本是一样的）、毛利很高的产品，非常适合用社群的模式来运营。早期确实有一些知识付费社群做得很不错，但是慢慢形成了一股"割韭菜风"——鱼龙混杂的知识付费课程把市场的口碑搞差了。一些不知道哪里来的所谓的讲师、大咖把自己包装一下，录点乱七八糟的内容，做个漂亮的宣传页，就开始卖课了。2017 年，头部企业也开始入局，建立自己的官方社群。2019 年，短视频大火。2020 年，许多品牌开始升级自己的商业模式——社群+短视频+直播组合销售。某线下美妆品牌凭借企业微信链接 300 多万个消费者，三八节单日 GMV 破千万元。事实证明，社群的确是一个好用的工具，但这不代表拉个群就能卖货。

那么，到底要不要做社群呢？我们首先来搞清社群的概念。

如图 3-2 所示，其中哪些属于社群呢？

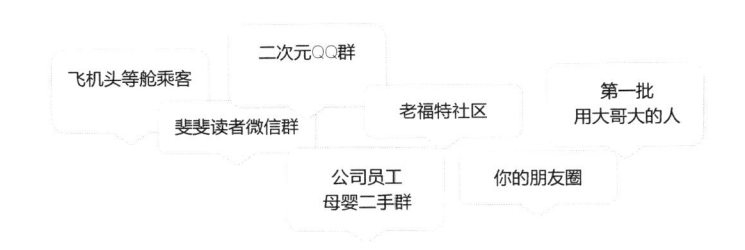

图 3-2　分辨图中的几类群体是否属于社群

我们可以从两个方面来判断。

（1）社群的主要特征：有稳定的群体结构和较一致的群体意识。

（2）社群的目的：社群就是基于一个共同点、需求或爱好把一群志同道合的人聚集在一起，目的就是实现共赢。

基于以上两点，"二次元 QQ 群、斐斐读者微信群、公司员工母婴二手群"是社群，而"飞机头等舱乘客、第一批用大哥大的人、你的朋友圈"都只是具有相似特征，但没有链接，也没有一致的群体结构和意识的人群，换句话说，他们之间没有什么交集。此外，"老福特社区"是社区，社区和社群是不一样的概念。

那么，到底要不要做社群呢？我的建议是不要盲目跟风，因为只有适合自己业务的模式才是好模式。

社群模式可能带来的实际效益如图 3-3 所示。

这里引用运营研究社社群课的总结，我们可以从以下维度来判断要不要做社群。

（1）产品的生产形式：如课程的制作与工厂的汽车生产模式是不同的，如果是流水线生产出来的 2B 产品，毛利也不高，就不适合做社群了。

（2）产品的交易端：主要考虑用户购买这个产品的频率、决策周期及流程。

（3）交付方式：可以在线完成交付（但需要线下验货）。

| 更低的获客成本 | 冷启动期可以做内测 | 提高快消品复购率 | 决策周期长的业务，可以引流体验后再进行转化 | 利于传播，老带新 |

图 3-3　社群模式可能带来的实际效益

有些形式的业务可以尝试用社群来做，如图 3-4 所示。

| 强地域性业务 | 高利润业务 | 高决策门槛业务 | 高频消费业务 |

| 小区果蔬生鲜 | 知识付费 | 私立幼儿园 | 电商美妆 |
| 本地成人教育机构 | 在线教育 | | 母婴 |

图 3-4　社群的实际业务应用

怎样的社群才算好的社群呢？其实建个群很容易，但是成为一个好的群就没那么简单了。很多群要么很快就没人说话了，要么就只有群主在说话，慢慢地就变成广告群了。

好的社群要么"有用"，要么"有意思"。

- 有用：优惠券群，大家互相交换优惠信息，说话但不闲聊；运营交流群，可以学到东西，有稀缺的资料、素材；大咖群，有你想链接的人。

- 有意思：表情包群，大家互相分享有意思的表情包；八卦群，专门交流最新的八卦。

根据网易蜗牛读书会的一些往期案例，我总结了用户黏性高的几点原因：大咖作者定期空降社群分享互动；优秀的班委/队长组队带大家共读，在读书会担任职务满 3 个月还可以领取项目实习证书；读书还有奖品，有机会学习社群知识，还可以认识很多书友，互相交流，互相帮助。

企业做社群可以参考以下几种社群类别进行定位。

- 获客型社群：也叫泛流量群，在这类社群中，有的人就是来看热闹的，转化率低。
- 转化型社群：这类社群是活动群，转化完就解散。
- 会员型社群：这类社群用于长期维护用户，会针对会员开展一系列的社群活动。
- 课程型社群：在线教育课程群，用于答疑；线下课程服务群，用于发送通知信息和答疑。

在给社群做好定位后，我们还要组建管理团队、设计入群的门槛。社群管理模式如表 3-1 所示。

表 3-1　社群管理模式

管理	成员	入群门槛
群主、管理员：发布群公告、拉人、踢人、答疑	建议 150 人左右	任务制
		邀请制
		付费制

之后，我们就可以策划群活动，发布群公告，如表 3-2 所示。

表 3-2　社群公告内容示例

Who	"你"是谁
Why	为什么要建群，这个群是干什么的
What	群里有什么活动，大家需要做什么
When	什么时候开始

而做这些都只是社群运营的开始。这个时候大家就可以思考到底要不要做社群了。做社群其实是一个很花精力的工作，可能有负面的消息在群里扩散，也可能有竞争对手来群里发广告或捣乱。因此，相应的规则要提前制定好。

企业微信与个人微信的区别

从业务角度来讲，企业微信和个人微信最大的区别，或者说运营会使用企业微信的原因是企业微信可以降低封号概率。有一段时间微信严打外挂、辅助软件，而很多做教育的公司都用员工的个人微信来接待客户，一旦被封号便损失惨重。我有一个做计算机在线教育的朋友被封了两个号，每个号里都有 1000 个付费用户，而产品客单价是 3000 元。

企业微信和个人微信在功能上的差异如表 3-3 所示。

表 3-3　企业微信与个人微信的功能对比

功能	企业微信	个人微信
好友上限	未通过企业验证，可添加客户数：1000 人；通过企业验证，使用微信的员工人数不到 50 人，可添加用户数：50000 人	5000 人

121

续表

功能	企业微信	个人微信
微信群人数上限	内部群 2000 人，外部群 500 人（3.1.0 版本）	500 人
朋友圈	企业：4 条/月/客户 员工：1 条/天/客户	无限制
客户标签	支持（企业标签、个人标签）	支持
客户群发	企业：4 条/月/客户（可按标签） 员工：1 条/天/客户（可按标签）	200 人/次（不可按标签）
申请加好友	手机号搜索添加	手机号/微信号搜索添加
新好友欢迎语	支持（文本+小程序/图片/链接）	不支持
入群欢迎语	支持（文本+小程序/图片/链接）	不支持
快捷回复	支持（仅文字，无分组，可第三方开发扩展功能）	不支持
微信号隐藏	支持	不支持
红包/转账	可通过微信收款商业版小程序和二维码收款；企业可绑定微信支付商户号，开通企业支付，由员工向微信客户收款到企业账户，还可给员工发红包，向员工付款（3.1.0 版本可以发红包）	可通过发红包、转账等方式跟好友进行交易，过程不透明且风险高
群活码	支持，群活码永久有效，群满 200 人自动新建群，如杭州 1 群、杭州 2 群（3.1.0 版本）	不支持
群关键词回复	支持，后台可设置	不支持
多人渠道码	支持，可自动分流给企业员工	不支持
企业认证标识	支持	不支持
对外信息展示	支持小程序、链接、手机号、职位等	不支持
办公应用	集成日程、会议等效率工具及打卡、审批等 OA 应用，提供丰富的第三方应用，还支持 API 接入自有应用	不支持
离职员工的客户分配	员工离职可将客户导流至其他同事的企业微信，保证企业客户不流失	员工离职后客户归属个人，很容易出现客户流失、飞单等情况
在职员工的客户共享	支持	不支持
客户数据统计	可统计包括新增的客户数、聊天总数、发送消息数、已回聊天占比、平均首次回复时长、删除/拉黑的客户数等，管理员在 PC 端后台可以看到全部企业微信个人号的数据明细，并且可以导出	不支持

续表

功能	企业微信	个人微信
群里数据统计	可统计每个企业微信的群总数、有过消息的群总数、群成员总数、发过消息的群成员数等	不支持
二次开发	官方支持	视为外挂，会被封禁
养号	不需要	需要
生态能力	提供近百个API接口，方便与品牌内部系统打通，如商城、人力资源等	不支持API开放，无法打通数据
封号策略	权重高，合规使用不会被封，但过度营销仍然有被封的风险	因使用外挂、过度营销、被投诉等都会被封

我自己用过且感觉比较好用的功能有如下几个。

- 群活码：200人以内可以直接扫码进群，满200人可以自动建新群，最多可以建5个群。

- 提前编辑：能提前编辑好固定欢迎语。

- 快捷回复：可提高聊天效率。

- 入群欢迎语：更有仪式感。

- 离职员工的客户分配/在职员工的客户共享：更便于做好用户分层和定向推送，在员工离职、交接工作时不用担心客户流失。

人设与IP：像经营一个品牌一样经营自己

人设，人物设定的简称，指在内容平台提前设定并演绎出一个相对完整的人物形象，如高颜值学霸等，是一种刻意呈现出来的形象，并不一定是真的，本质上是一种营销行为。

特定的人设吸引着特定的粉丝群体，成为移动互联网时代的粉丝文化现象。在一些互联网内容平台，利用人设打造明星网红、吸引粉丝并进行流量变现，已形成一整套成熟的商业模式。明星网红人设崩塌的情况并不鲜见。人设崩塌不仅会造成负面的社会影响，更会对粉丝群体形成负面的价值导向。

（参考资料：《人民日报》）

那么，我们究竟要不要立人设？对于一位社群运营者，从营销的角度来讲，我的建议是要立人设。

人设可以从哪些角度来打造呢？打造人设的五个角度如图3-5所示。

昵称　头衔　头像　个人故事　朋友圈

图 3-5　打造人设的五个角度

➢ 昵称

我的个人昵称是"斐斐不会飞"，我还有四个工作号分别是小易（售后）、官方壳（读书活动）、小蜗牛（日常内容输出）、蜗小福（行走的福利机器人）。

➢ 头衔

头衔的结构可以是职业+兴趣+案例/作品。

我的个人头衔是工作身份+作品/作者身份+协会/兴趣的结构，即网易运营+作者+协会讲师。如果我去参加商务活动那我就会着重介绍我的资源和项目案例。假如你是一个健身教练，可以这样写：花名+几年健身行业工作经验/带过多少学生+权威证书+擅长的课程（如减脂、产后塑形），还可以再加上自己的新媒体账号的粉丝量信息或曾经帮助学员完成过什么样的训练计划等。如果你是一个企业内训讲师，则可以这样写：某课程主讲老师+协会/行业内拿过什么奖项+出过什么书或在专业刊物上发表过什么文章+为哪些著名企业服务过。头衔是需要累积的，如果你现在什么头衔都没有，就要抓紧考虑你未来的发展，最简单的是考一些证书或者参加一些培训。比如，你想转行做英语老师，你可以去考研究生，或者考托福、雅思拿高分，然后去一些相关企业实习；你想转行做茶艺师，那你可以从中级开始考，也可以去考评茶员、参加一些比赛。你可以把朋友圈封面的位置利用起来，当然展示的头衔不用太多，挑最重要的和当下业务相关的三五个就可以。

> 头像

我一般建议用真人头像，如图 3-6 所示，也可以用 IP 形象，如手绘一个 IP 形象。

图 3-6　真人头像示例

> 个人故事

个人故事指的是通过自我介绍来展示自己的定位，如图 3-7 所示。比如，创业中的宝妈、培训行业的斜杠青年、擅长做线下活动的书店老板等，都是不错的个人故事的主题。《销售就是卖故事》这本书提到过，讲故事有助于建立良好的人际关系，在同等条件下客户愿意找他们喜欢并且信任的人购买产品。

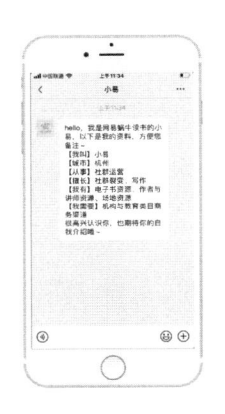

图 3-7 自我介绍示例

故事，是使陌生人变成朋友的最快路径。我们可以用讲故事的方式来介绍自己，可以从以下几方面来介绍：

我从事什么行业；

我的经历；

行业里的某人遇到了什么具体的困难，我通过什么方式帮助了他，他现在得到了什么好处。

举个例子

我是斐斐，从事互联网教育工作，我原来是一个全职宝妈，通过自学转行互联网，在创业公司做了百万元营收的项目后入职网易，做过电子阅读App等千万用户量级的项目。

我的朋友是做传统线下成人技能培训的，我帮他组织了老用户的裂变活动，对接了精准的渠道推广，升级了课程视频，结合社群交付将用户复购率提升至30%、转介绍率提升至40%。每个月招生培训量从原来的200人次增长到800人次。

如果您也是做教育的，我们可以加好友认识一下，看看有没有资源可以互相匹配。

大家可以试试用一个故事包装一下自己。

> 朋友圈

很多微商会被人屏蔽，因为被广告刷屏实在太烦了。微信毕竟是一款社交软件，是人与人交流的工具。如果你的朋友圈全是广告，好友便无法了解你是怎样的人、你想要传达怎样的价值观。

我们在朋友圈可以发什么呢？

（1）有趣且与自己相关的内容，如今天在上班路上遇到了什么事情、做了什么美食、打卡了什么景点。

（2）有价值的干货，如读书心得分享、优美句子摘录、最新的行业资讯及观点。

（3）塑造正能量的个人形象，如参加线下的沙龙活动与大咖合影、考取了含金量高的证书。

（4）阶段总结，如健身3个月后体脂率降低了5%、这个月的理财收益还不错、展示自己设计的软装。

有一个非常重要的关键词"利他"，其中的一个维度是我的个人价值（知识、人脉、渠道、资源）是对他人有利的；另一个维度是我是一个愿意主动帮助他人并且可以在某领域帮到他人的人。

聊完了人设，再来聊聊IP。

IP原本是英文"Intellectual Property"的缩写，直译为"知识产权"。互联网界的IP可以理解为所有成名文创（文学、影视、动漫、游戏等）作品的统称。进一步引申来说，能够仅凭自身的吸引力，挣脱单一平台的束缚，在多个平台上获得流量，进行分发的内容，就是一个IP，它是能带来效应的"梗"或"现象"，这个"梗"可以在各种平台发挥效应，因此IP也可以说是一款产品——能带来效应的产品。

——资料来源：百度百科

例如，我们为一款社区型的产品引入了某个影视剧IP，并取得了版权，我们用这个IP结合JK制服做了周边产品，其他电商平台纷纷找我们平台获得这款产品的销售权，这样就可以通过周边产品赚钱了；某公司只有几个员工，他们只做一件事，就是设计各种表情包，并免费提供给聊天软件使用，如果表情包火了，就可以用表情包的IP人物来做周边产品和联名并通过授权获取收益了。

社群运营五步法

互联网行业的社群运营指的是用社群工具将有共同需求或共同爱好的人聚在一起，并建立规则、输出价值、形成良性互动氛围、增强用户黏性、自发组织裂变，实现共赢的完整运营过程。

社群运营主要有五步：拉新—建群—活跃—转化—裂变，如图 3-8 所示。

图 3-8　社群运营五步法

1．拉新

既然要做社群，肯定要有人。社群运营的第一步——拉新，如图 3-9 所示。

找到目标用户	准备吸引用户的福利	撰写吸粉文案	筛选种子用户
·用户在哪里 我就去哪里 ·置换	·低成本 ·高价值	细分人群 + 好处 + 指令	·给"名" ·给"利" ·限制名额 ·设定门槛 ·给予参与感

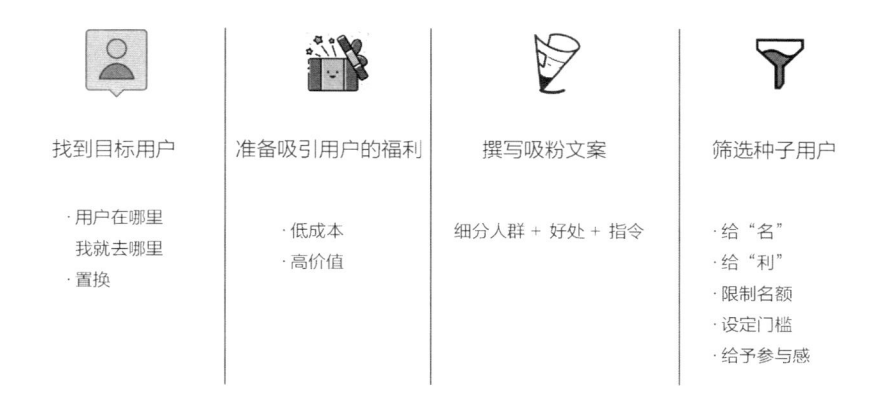

图 3-9　社群运营的第一步——拉新

（1）找到目标用户。想清楚这个群要满足用户的哪些需求，可以做活动，也可以投放或置换。

（2）准备吸引用户的福利。福利一定是低成本、高价值的。

（3）撰写吸粉文案。这里有一个公式：细分人群+好处+指令。比如，"各位宝妈请注意，今天晚上我会建一个辅食群，群里会发红包、抽奖送尿不湿，还会分享食谱，想进群的宝妈私信我""2021年的毕业生请注意，毕业季转发海报到朋友圈就可以拿到××大咖做的求职简历模板"。

（4）筛选种子用户。对于种子用户，要给"名"（如创始会员、VIP、班长）、给"利"（如分销权、收益）。既然是种子用户，一定要限制名额、设定门槛。门槛，可以是付费，也可以是一个操作，如转发活动海报。同时，要给予种子用户参与感，如给编号、给证书、给徽章等。

2．建群

拉一个群很简单，但是要让群活跃，让用户不屏蔽这个群，甚至让用户置顶这个群和持续关注这个群就很难了。如果一个群建起来没有内容和活动，两天就"凉"了。所以，我们要明确建群的目的：是长期维护的流量群、单次成交群，还是付费后的服务群，如图3-10所示。

在明确了群目的、定位好群用户后就要给群想一个名字，如只发券不聊天优惠券群、表情包群、互联网八卦群、自律读书群、对赌减肥群、××作者书友群、内购秒杀群。等想好名字后就选好群主题，设定群门槛。如果是学习群，就不能发广告，违反群规者会被踢出群。如果你没有事先说明群规，就不能约束群友，但是只要说明了群规，就默认大家进群要遵守群规。

流量群　　　成交群　　　服务群

图 3-10　围绕构建社群的目的分类

在建群前，就要准备好内容和活动，如图 3-11 所示。

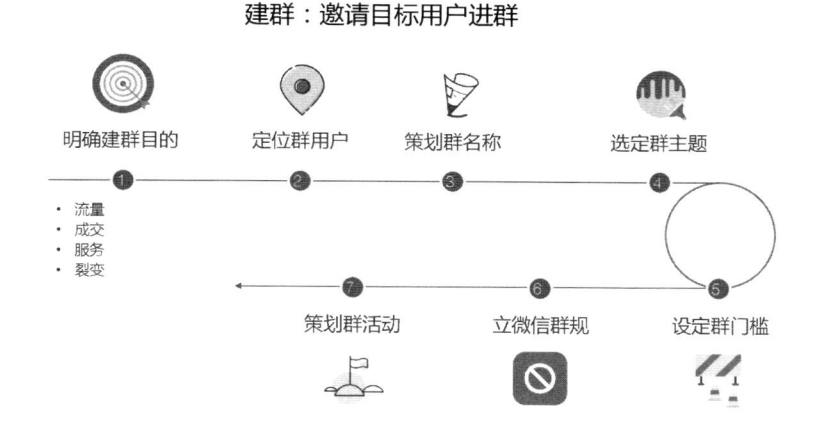

建群：邀请目标用户进群

① 明确建群目的
- 流量
- 成交
- 服务
- 裂变

② 定位群用户

③ 策划群名称

④ 选定群主题

⑤ 设定群门槛

⑥ 立微信群规

⑦ 策划群活动

图 3-11　建群前的准备工作

3．活跃

活跃社群，需要有好的内容，如图 3-12 所示。好的内容可以是自产出内容，如自己整理的干货、新闻、报告等，也可以是用户产出内容，如书友读书笔记、自我介绍等。

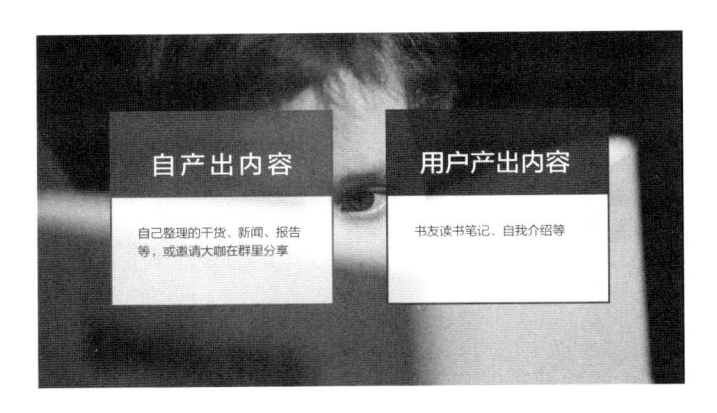

图 3-12　通过内容互动打造活跃的社群

（1）入群欢迎：@对方并欢迎用户进群，告知用户这个群是做什么的、什么时候搞活动、简单的群规，建议用户修改昵称并给出昵称格式，提醒用户加群主或管理员微信，以方便收到后续活动通知，提醒用户将群置顶，以免错过群内的重要消息。

（2）引导用户做自我介绍，可以在群里发一个自我介绍模板。

昵称：小叶子。

职业：学生。

标签：致力于做一个普通但不平庸的"码农"。

兴趣爱好：阅读、跑步、敲代码、听歌。

个人经历：做过志愿者；现在正在写程序，做项目头秃中。

我能提供：关于 Java 代码的一切（我知道的）。

对我影响最深的一句话：没有比脚更长的路，没有比人更高的山。

（3）发红包：手气最佳的群友做自我介绍或接着发一个红包，第一个抢到红包的群友有奖品。用小程序可以发起一个绕口令语音红包，读对了的群友就可以拿到红包，如图 3-13 所示。

图 3-13　活跃社群的方法之一：发红包

（4）活动预告：@所有人，引导群友回复"收到，我一定准时出席"，大家就会在群里接龙刷屏。一般建议在活动前 1 小时、前 30 分钟、前 10 分钟进行活动预告。

（5）开营仪式：主持人倒计时，小游戏、红包互动，主持人做自我介绍，主持人发布群友的自我介绍等。

（6）嘉宾分享：主持人介绍嘉宾，然后嘉宾进行分享。

（7）答疑：可提前收集 3～5 个问题，以防冷场。

（8）作业：每天可以在群里交作业或分享笔记。

（9）结营+成交：结营仪式+发奖状+优秀学员分享+介绍后端产品。

（10）解散：追单+打标签+解散。

4．转化

转化思路如图 3-14 所示。在氛围最好的时候最容易成交，这时我们要把活动介绍清楚，让用户看得懂。同时，告诉用户一个成交主张，即不得不买的理由，如这个活动价只有今天有、这个活动仅限社群里的用户参加、这个活动只有 20 个名额等。

转化：在氛围最好的时候成交，后续跟单

一般我们会在活动的第3~4天引导成交，结营后做一次跟单接龙，并留一天私信追单，最后把群解散。因为运营一个群的时间、精力成本都很高，我们一般会解散免费群和活动群，只长期运营付费群。

图 3-14 转化思路

设计社群销售活动的思路：理由+形式+力度+活动形式+分发渠道。

- 找理由（主题、创意）：首届××，春节，年终。
- 形式：社群团购、秒杀。
- 力度：打折、买赠、限量、限定。
- 活动形式：新品原价××，现价××。
- 分发渠道：朋友圈、社群、公众号。

充分的信任感及购买欲望是决定成交的两个核心要素。社群发售主要解决的是建立信任感与激发购买欲望的问题。我们通过构建社群和日常运营潜移默化地建立与潜在客户之间的信任，之后设计转化流程，一步步紧紧抓住潜在客户的注意力，调动他们的兴趣，激发他们的购买欲望，最终达成成交的目标。

5. 裂变

成交并不意味着结束。裂变的本质就是传播，那么，谁来帮你传播？你的用户。如果内容本身有趣或内容被用户认可，用户就会主动帮你转发，否则就要给些"好处"。

我在这里分享一个比较接地气的社群运营案例。

朋友的长辈从外地过来开了一家果蔬店，让我们一起出谋划策：怎样可以通过一些比较"轻"的方法帮助她运营？我们不约而同地想到了两个关键词"社群""团购"。

考虑到长辈年纪大，操作小程序、互联网平台对一些有困难了，于是我们用了最简单的收款码+语音提示，同时打印了一个社群二维码，并告知大家加群就可以领赠品（如葱、姜、蒜、辣椒）。群里每天只发5条信息——我们帮她编辑好，定好发送时间，如表3-4所示。

表3-4 社群运营的群发信息

时间	发布信息
6:30	家人们，今天上新的这些菜特别新鲜，欢迎来选购（视频）
11:00	家人们，谁家还没买中午的菜？有需要的可以私信我，送货上门
15:00	家人们，今天我要去进五常大米、富阳馒头、菜籽油，有要帮忙带的群里接龙
17:00	家人们，谁家没有买菜，要不要我帮忙留一下
19:30	还有半小时关门，今天还有一点剩下的茄子，现在过来买5折处理了（视频）

经过测算，每天到店的自然流量是300～400人，不到1周，就建了1个80人的群，后来群友还会主动跟群主说想吃的东西，让群主帮忙进一点。在价格设置上，像明虾和排骨，她始终做到比周边便宜和新鲜；像水果，她从不进进口的和低档的，只进性价比高的。慢慢地，大家就觉得这家果蔬店的东西便宜、新鲜，老板很客气、很好说话。半年后她就建了9个300人的群。有了2000多人的本地流量，可以做的事

情就更多了，甚至有一些兴趣班、中介找她来合作。

社群有很多种，社群运营相对来讲也是一个门槛不高的岗位，但是需要花很多精力。做社群，要有一颗"利他"的心，而且要用心。

裂变的 8 种玩法：3 天裂变 10000 多个用户的活动拆解

裂变有 8 种常见的形式。

- 拼团：多人购买有优惠。
- 老带新：邀请新人使用产品可以获得代金券。
- 分销：扫码生成带追踪功能的个人链接，推荐好友购买可以获得佣金。
- 助力：邀请好友关注公众号解锁任务、领奖品、砍价。
- 游戏型：集五福、组队 PK。
- 任务型：转发、集赞、投票。
- 工具型：在线作图小程序、在线裂变小程序。
- 内容型：读书打卡海报、运动打卡海报。

裂变的核心是传播。

最常见的裂变形式就是老带新，即让朋友帮忙，将活动链接分享给好友，通过好友的参与得到福利。这类活动有且只有 4 步。

- 了解任务，如邀请 18 个好友关注公众号可以领 1 个实物奖品。
- 领取任务，如关注公众号生成个人专属链接或海报。

- 执行任务，如转发海报、文章。
- 完成任务后领取奖励，把完成任务的截图发给客服，并填写地址。

设计裂变活动有 3 个关键点：目标用户、主题、福利。

这里我给大家分享一个 3 天裂变 10000 多个用户的活动案例。

主题：招募社群读书会会长。

福利：

- 会长福利，如会长证书、图书分销奖励、个人 IP 打造。
- 会员福利，如大咖分享、电子书、共读活动。

做社群要先想这个社群能给大家什么好处，如我要做什么群、我想要谁进群、群友能得到什么、我怎么通过给他们想要的东西来获得我想要的东西。最后我想到了两个关键词：背书、流量。

于是我们设计了读书会会员和会长这两个身份，只要在我们的平台买任意一本书，就可以成为会员。会员要进我们的读书群，每次共读活动可收到电子书，免费听每周一场的大咖分享。群主组建一个读书群，等群内成交一定数量的书，完成一周的读书打卡任务就可以成为会长。对很多朋友来说，会长是一个很有分量的头衔。人做一件事情，或为名或为利。

用户在哪里，我就在哪里。没有种子用户就设计好流程，去目标所在地找，书店的老板、自带流量的作者、图书馆，甚至同事都可以是我的种子用户。在一次老壹老师组织的社群营销大会上，他邀请我参加并介绍读书会项目。我在现场招募种子用户——读书会会长。我建了一个会长预报名群，当时有 120 多人有意向，然后我在群里发布了详细的规则与任务，在 3 天的时间里有 83 人完成了任务。其实，我们最初设计的是首批只招募 50 人，结果大家的热情超出了我们的预期。83 个会长各有一个读书群，每个群有 100

多人，我们用 3 天时间就完成了 10000 多人的社群底量，远超目标。当然，这 10000 多人只是泛流量，还不精准，后期我们会花很多精力运营，初期只是先把基数扩大，之后进行二次裂变。

我们可以从会长的群里裂变新的会长，也可以从买书的会员中裂变新的会长，还可以通过电子书做裂变，甚至通过课程做裂变，通过实体书做裂变……在有了一些流量后，我就可以和更多的渠道谈了。例如，我可以用同样的方式和不同的作者合作，也可以和公司里同样做社群新媒体的同事合作，还可以和不同行业的朋友合作。

当用户多到我运营不过来的时候，我邀请了能力特别强的朋友来做我的顾问，帮我搭建组织架构——我们从社群中选出了一批班委，实现社群的自运转。社群中涌现出很多优秀的人才，最后孵化了一支 50 人的线上班委团队——他们都是义务劳动的。

当我们有源源不断的流量的时候，班委就可以各自承接这些新流量，转化到会员群孵化会长。对于一些需要支持的会长，我们可以安排班委进群指导。到了这个阶段，真正优质的读书群就会脱颖而出。

我只需要维护好会长群，会长就可以在自己的社群里复制这个模式了。

这种裂变的玩法其实就是群主裂变。我们维护好群主，群主再维护好自己的社群就可以了。

社群成交与发售：一对一成交，一对多成交

做社群成交，我们可以参考这几个步骤来设置和引导：产生兴趣—信任（背书）—解决问题（场景、痛点）—从众心理（好评）—理由（稀缺、限

时）—付费方式。

除此之外，我还有几个好用的小技巧。

- 通过提问筛选客户。
- 在价格上提供多种选择。
- 成交主张：限名额、限时间。

社群成交分为两种：一对一成交、一对多成交。

1．一对一成交

我们可以根据产品和客户常问的问题设计一个常用的 Q&A，如果用的是企业微信号，还可以设置快捷回复。

这样做一方面可以提高效率，另一方面可以通过一系列的问题来筛选客户。

我在大学实习期做电商客服的时候，负责过 12 个品牌的网店，其中有一家是做儿童家居服饰的，卖拖鞋和浴巾等。刚开始工作的时候，我非常热情地向每一个来咨询的客户卖力地介绍产品，结果发现其中 50%的客户问个问题就没有下文了。于是，我总结了客户提问最多的 20 个问题，并做出统一的标准回复。

比如，针对"我家孩子 4 岁穿几码合适"这个问题，我让厂家帮忙做了一个尺码推荐表。我会对客户说："请问您家孩子小脚的内长是多少厘米？可以参考这个尺码推荐表哦。"

我在做教育培训的时候，有家长来咨询课程，我会先问一下："请问您家小朋友是 6～12 岁年龄段的吗？"如果不是，我就直接说："不好意思，课程不适合这个年龄段的小朋友。"我每天能解答的问题是有限的，不如把精力集中在目标客户上。有家长会问价格，但我负责的是线索（拿到客户的联系方式），所以我一般不会直接说价格，而是告诉他有不同的选择，先让他上一节低价体验课，然后请负责转化的同事根据他的预算和需求进行推荐。

我在做职业技能等级培训招生时，就会递给客户宣传单页并问："请问您满足这几个条件吗？"如果对方满足条件，我再介绍；如果不满足，我就没有必要继续了。

2．一对多成交

一对多成交需要准备的素材包括活动海报、客服号、文案、付费链接、往期成交截图，如图 3-15 所示。

活动海报　　客服号　　文案　　付费链接　　往期成交截图

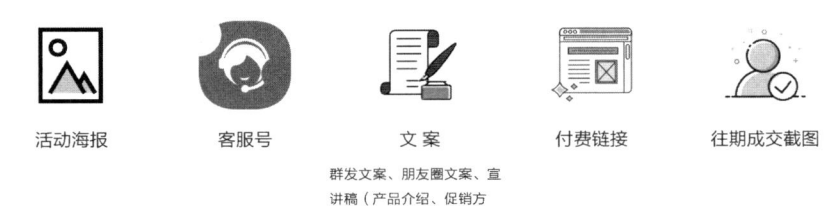

群发文案、朋友圈文案、宣讲稿（产品介绍、促销方案）、主持稿

图 3-15　一对多成交素材的准备

我们也可以组建一个成交团队，如图 3-16 所示。

活跃分子　　主持人　　嘉宾　　管理员　　客服

图 3-16　成交团队的人员构成

活跃分子：活跃分子主要负责烘托群氛围，不属于专职的运营团队，是从活跃的优秀群成员中挑选出来的，由多人担任，在有空的时候辅助活跃群氛围。

主持人：主持人主要负责活动开始前的群氛围渲染、活动流程介绍、活动的控场、分享嘉宾的介绍。

嘉宾：嘉宾是一场活动必不可少的角色。主嘉宾最好与群成员互相了解，这样可以增强信任感。

管理员：管理员主要负责维护群秩序。比如，有人发广告要提醒其撤回或将其"关小黑屋"，有人提问要及时回答，有人想进群要及时审核。

客服：客服与管理员不同，管理员的主要职责是管理群，客服的主要职责是做咨询和促成产品成交。

在社群活动开始前，我们可以在群里进行预热。预热气氛的主要方法如图 3-17 所示。比如，欢迎入群的成员；发布活动公告，告诉大家这是什么群、什么时候有什么活动；提醒群友把群置顶，可以把群名改为"今晚 8 点毕业典礼"等；发布群规，告知哪些行为是不被允许的；在群里带头做自我介绍，可以发一个模板，让大家跟着进行自我介绍，这样群里就会开始刷屏了。我们要时不时地带动一下气氛，让大家聊起来。

图 3-17 预热气氛的主要方法

入群欢迎语一般为以下形式。

欢迎来到×××群，请大家按照"地区-行业-姓名"的格式修改群昵称，如上海-在线教育-张三。

今天晚上8点有开营仪式，为了不错过开营仪式，建议大家将本群置顶哦！

完成的同学请回复"已完成，今晚8点不见不散"。

另外，在距离开营仪式10分钟时，我们可以进行一个倒计时互动。

发红包是非常重要的小技巧。我们也可以带大家玩游戏（如成语接龙、让大家猜一下这次活动的第一名考了多少分）、发送抽奖小程序定时开奖。除此之外，还可以设计一个话题（如分享一本自己最近读的书、最喜欢的电影），或请往期的优秀学员来做分享。

成交流程：主持人热场—成交活动的宣讲—开放购买。

下面我分享一个社群毕业典礼+转化的全流程案例。

毕业典礼成交案例

1. 群发消息（12月9日11:00至19:00入群）

学员您好！恭喜您已经顺利完成茶艺师的学习和考试。今天20:00（12月9日）我们会有一个线上毕业典礼，届时还有红包和抽奖活动哦，快点进群吧！

2. 群公告

欢迎各位茶艺师参加今晚的毕业典礼，本群主要针对如何领取证书、申请补贴及考取证书后可从事的相关职业进行解答。

各位进群请先改备注，方便大家相互认识（姓名+职业，如小罗+老师）。

请各位遵守以下规则：

✓ 本群禁止发广告；

✓ 本群禁止私加好友（可以设置）；

✓ 本群禁止发布煽动性言论；

不遵守者将会被"关小黑屋"哦。

所有问题将在 20:00 开始进行解答，其他时间不解答问题哦。请将群置顶，以免错过重要消息。

3．入群欢迎（12 月 9 日 13:00）

欢迎入群！今天 20:00 本群会有毕业典礼，进群每满 100 人我们会发红包哦，进群的同学可以改一下备注。另外，我们将从做了自我介绍的同学中抽奖，送出红包和价值 198 元的茶叶。

（1）自我介绍模板如下。

姓名：茶茶。

城市/家乡：杭州/温州。

职业：老师。

为什么学习茶艺师：感兴趣，有补贴。

喜欢喝什么茶：西湖龙井。

完成自我介绍的同学可以点小程序参与抽奖哦。

（2）红包发送：进群每满 100 人发一次红包。

4．毕业典礼倒计时+私信提醒（12 月 9 日 17:00 至 19:00）

12月9日17:00私信提醒未进群的同学。

比如，毕业典礼马上开始啦！同学，我发现你还没进群，抓紧时间进群哦。

19:00倒计时：毕业典礼还有1小时开始，请各位同学回复"我会准备参加毕业典礼"。

5. 开营，发红包+主持人自我介绍（12月9日20:00）

主持人自我介绍：大家好，我是本次毕业典礼的主持人章老师，今天晚上毕业典礼的内容主要有如下几个部分。

- 如何领取证书？
- 如何领取补贴？
- 考完茶艺师后能做什么？

在毕业典礼开始前我们先来发点福利。刚才有很多同学都做了自我介绍，大家都在杭州，以后可以一起约出来喝喝茶。

刚刚我们进行了抽奖，现在公布一下中奖的同学。

恭喜中奖的同学！没有抽中的同学也不用灰心。下面我们再来一个有奖竞猜。大家可以猜一下本次理论考试最高分是多少分，猜中有8.8元的红包。

恭喜这位同学回答正确，奖励8.8元红包，稍后私信我领取。

大家再来猜猜我们的实操最高分是多少分？

恭喜这位同学回答正确，奖励8.8元红包，稍后私信我领取。

好了，现在毕业典礼正式开始。我先来介绍一下证书发放和补贴领取事宜，最后会留时间给大家答疑，大家可以在老师分享完后统一提问哦。

好了，接下来，我们有 5 分钟的答疑时间。有请我们的茶茶老师来为大家答疑。大家可以自由提问。有请茶茶老师。

好了，我们的答疑结束，还有问题的同学稍后可以私信茶茶老师。最后为大家介绍一下拿到茶艺师证书后可以做什么工作。

（1）到茶馆上班。与我们合作的 3 家茶馆正在招聘茶艺师，全职工资为每月 4000～8000 元，兼职工资为一天 500～800 元，感兴趣的同学可以把简历发给小助手，获得内推资格。

（2）培训讲师。我们正在招聘茶艺师培训讲师，如果不会讲课，我们也有相应的师资班，可以咨询小助手。助教的待遇是每月 4000 元，老师的待遇是每月 8000～15000 元，兼职、全职都可以。

（3）大家还可以报考评茶员。

老学员今天晚上报名还有优惠。

6．成交

今天的毕业典礼就到这里了，感兴趣的同学可以接龙报名。今天给大家一个福利，报名满 10 人优惠××元，满 30 人优惠××元，满 50 人优惠××元，满 100 人额外赠送××。对于帮忙转介绍报名的老学员，我们还会赠送一饼价值 198 元的普洱茶。

接龙报名截止到 12 月 11 日 12:00。

好了，现在茶茶老师要发链接了，同学们付款后记得找茶茶老师登记报名信息哦。

7. 长尾期

这是今天晚上的毕业典礼的整理，还没有填写地址的同学尽快哦。另外，还想报名的同学可以私信老师申请优惠，本周结束前转介绍报名的同学可以找老师领取价值198元的普洱茶一饼，邀请3人以上可以获得一套价值××元的茶具。

本群完成使命，现在解散，感谢各位同学的参与！

解散群后我们就可以一对一私信学员跟单了，可以把群里的聊天记录汇总一下发给客户，并详细介绍活动，提供付费链接。

成交失败往往有如下原因。

（1）他不需要：那就放弃这个客户，把精力放到目标客户上。

（2）他不知道：那就尝试再次触达客户，详细介绍产品和活动。

（3）他没有钱：那就标记好这个客户，有活动的时候再次触达他。

搞清楚原因，该放弃的就放弃，该跟进的就跟进，没有必要有太大的压力，我们并不需要强买强卖，只是"我有一款产品，如果你感兴趣，我就向你介绍一下。你有需要就买，没有需要我也不强求"。这是只要需求匹配就水到渠成的事。

《一个广告人的自白》中的几句话值得我们深思。

- 我们不能让人因为对你不厌其烦才买，要让他因感兴趣而买。

- 只做一流的业务，因此要用一流的方法。

- 不要推出一个你不愿意让你的家人看到的广告。消费者不是低能儿，他们是你的家人，别侮辱他们的智商。

第四章

图文新媒体运营：爆款内容的方法论

爆款内容的方法论：我们需要呈现的是用户想看的、会有共鸣的、有用的内容。我们常常看到，某些内容博主在公众号火，在小红书火，在抖音也火。好的内容永远不会过时，只是平台和内容形式发生了变化。从文字到图文再到短视频，其核心还是要掌握爆款内容的方法论，并不断去做测试和升级。

为了更好地呈现用户感兴趣的内容，在做公众号时，我和团队的小伙伴从业务相关角度出发进行了一轮头脑风暴，每个人提出3~5个关键词，并从中投票选3个，然后从知乎、脉脉、小红书、微博等相关选题的高赞评论中收集10~30个相关问题及图文内容，再进行筛选、合并、分类，最终做出3个选题。我们再分工，产出内容，进行内容测试，不断迭代。在做小红书账号时，我们则通过选题和关键词找到10个爆款，分析图片、文案、内容上的共性，利用爆款的规律进行原创。

经过多次测试证明，这个方法能快速产生效果且可迁移。在这里，我就自己运营过的公众号和小红书账号与大家进行分享。

账号定位与框架搭建

我们在做图文新媒体运营前，可以先根据平台、角色、目标、变现来进行分类和定位。

- 平台：公众号、小红书、微博、知乎、脉脉、豆瓣、今日头条、抖音等。

- 角色：个人、企业、传统媒体、MCN 机构、行政机关单位。

- 目标：内容传播、用户服务、销售转化、企业影响力。

- 变现：广告、IP、产品。

在选择平台前，我们可以先了解一下这些平台的口号。

- 公众号：再小的个体，也有自己的品牌。

- 小红书：标记我的生活。

- 抖音：记录美好生活。

- 知乎：有问题，就有答案。

要在"别人的地盘"玩，只有先了解"别人"的规则、玩法及正在做的事，才能玩得转。

1. 公众号的账号定位与框架搭建

公众号运营流程梳理：申请注册—取名—设置头像—搭建基本框架—做内容—运营涨粉—变现。

如果希望通过内容传播来接广告来变现，我们就可以申请订阅号；如果希望通过公众号提供某些功能和服务或接入小程序，我们就可以注册服务号来承载这些功能。需要注意的是，个人身份只能注册订阅号，注册服务号需要营业执照及每年 300 元的认证费。

订阅号和服务号的功能对比如表 4-1 所示。

表 4-1　订阅号和服务号的功能对比

	订阅号	服务号
运营主体	个人	企业和组织
群发消息数	1 条/天	4 条/月
显示位置	订阅号消息	聊天列表
核心需求	内容传播	用户服务

注册公众号的步骤：搜索"微信公众平台"，打开官网，点击"立即注册"（见图 4-1），选择"订阅号"或"服务号"，按照提示一步步操作即可。

图 4-1　注册公众号

因为公众号不支持直接变更主体，所以我们在选择主体的时候要想清楚。不过公众号有一个账号迁移的功能：可将 A 账号的粉丝、文章素材（可选）、微信号（可选）、违规记录迁移至 B 账号。但是 A 账号必须是验证过主体信息的订阅号或服务号；目标账号 B 必须是验证过主体信息——小额打款验证或认证成功（包括资质审核成功）的组织类账号。

在注册公众号时就要想好名称，个人类账号在一个自然年内可主动修改两次名称，服务号改名就要花钱了。

公开信息包括头像、名称、微信号、二维码、类型、介绍。其中"介绍"就是我们要向用户表达的内容，如图 4-2 所示。我们要通过这些信息让用户知道三点：

- 这个号是干什么的；
- 这个号有什么优势；
- 关注这个号有什么好处。

公开信息

名称	斐斐不会飞	修改 ?
微信号	未设置微信号	设置 ?
二维码	下载公众号二维码或带有搜一搜标识的二维码，用于推广与分享公众号	下载二维码
类型	订阅号	
介绍	互联网行业干货分享，活动交流	修改 ?

图 4-2　公众号公开信息示例

在定位上要做到垂直，越简单越好，如时尚号、美食号、旅游攻略等。定位是以竞争为导向的，要在所选的赛道里有自己的独特之处。比如，杭州的本地号已经有人在做了，但是本镇号可能没有；别人做政策发布的公众号，你可以做当地的信息发布、交友、活动等公众号；摄影号很多人在做，那么你可以做一个更细分的场景——用手机给宝宝拍摄、给女朋友拍照。但这个垂直的点一定是你擅长且感兴趣的。

（1）关于名称，需要注意这些要素：场景、目标用户、功能、个人特色。注意不要用生僻字，不要太长，像下厨房、××带你学运营、旅游大表姐、料理大熊就很好，或者直接叫自己的名字。

（2）头像，可以用账号的名字做一张包含特色字体的图片，也可以是真人照片或手绘。

（3）介绍的重点就是这个号的功能、关注后的好处、是资源还是有意思的内容。

接下来我们就要搭建公众号的基本框架了。公众号的自定义菜单如图 4-3 所示。

图 4-3　公众号的自定义菜单

自定义菜单和自动回复是用户关注公众号后第一眼看到的。

我们可以在后台通过数据看到各个菜单的点击情况，如图 4-4 示，并以此来调整菜单栏的内容和顺序。

主菜单最多 3 个，子菜单最多 5 个。商务合作的联系方式肯定要有，不然投资方都联系不到你。另外，可以放上一些最新的活动、产品介绍、往期热门的文章、福利等。

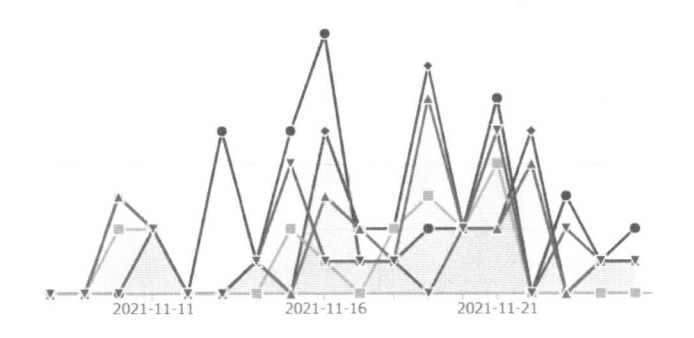

图 4-4　公众号菜单的点击量示意图

公众号的自动回复功能也很重要。公众号的自动回复有三种。

第一种是关注后自动回复，如"Hello！来了怎么能没有见面礼？先送上一份运营人必读书单，一起成长吧"。

第二种是收到消息后自动回复，可以是微信二维码图片。

第三种是对关键词的自动回复，可以结合一些引流玩法。比如，回复"行业"，就提供一个网盘账号、密码，其中包含行业报告；回复"打工人壁纸"，就提供一张壁纸图片；回复"抽奖"，就发送一个抽奖链接。

定位好账号，搭建好框架，我们就可以输出内容，运营自己的公众号了。注意规划好内容，如一周的更新频率、选题等。

2．小红书账号运营

在定位方式上，小红书账号和公众号有很多相似之处。我们可以先问自己三个问题：我是谁？这个号能提供什么不一样的内容？关注这个号有什么好处？不过，小红书是一个公域流量平台，虽然公众号有十几亿用户体量，小红书有三亿左右的用户体量，但是公众号只有进行转发、传播才能触达更多的用户，而小红书的内容分发机制是个人订阅制+推进算法分发机制（根据笔记的内容、标签、话题去匹配可能对内容感兴趣的用户）。公众号偏长文+配图，而小红书偏多图短文、短视频。我们可以将公众号和小红书设置成一样的名称，相互导流。我们先来看一个案例，如图4-5所示。

图4-5 小红书账号示例

我们新做了一个账号，一篇图文内容刚发布就成了一个小爆款——每周为我们持续导流 200 多位新客。

以下是小红书账号的基本要素。

- 头像：尽量改为个人真实头像或卡通头像（首选个人真实头像）。
- 背景封面：可以放一张场景图——要体现这个账号的特色。
- 名称：建议用与其他平台账号相同的名称，方便引流。
- 小红书号：建议用个人微信号，方便导流。
- 个性签名：描述自己的身份、账号定位（如设计师、穿搭博主等），以及关注这个号的好处，从而增加被关注的可能性。

我们可以把自己最满意或点赞最多的一篇图文内容置顶，也可以收藏矩阵号的一些图文内容，相互导流。

公众号与小红书图文排版技巧

我不建议新手过多地使用编辑器，因为那样编辑过的文章没有自己的独特风格，花里胡哨，给人很强的阅读压迫感。

1. 公众号的图文排版技巧

我们首先要明确公众号图文排版的目的。

➢ 减轻阅读压力，提升阅读的体验感

我们可以通过字号、文章的留白（字间距、行间距、段间距）、有美感的配图来实现。

字号：建议设置为 14px 或 15px，字号过大则没有美感，字号过小则读起来易疲劳，如图 4-6 所示。

12px：用于注释，标注来源
14px：适合文艺类、情感类账号
15px：中规中矩
16px：适合用户画像偏年长的账号

图 4-6 根据具体情况选择合适的字号

字间距：建议设置为 1px 或 1.5px，最大不宜超过 2px，如图 4-7 所示。

哈哈哈哈哈哈哈哈哈哈哈哈哈哈哈哈哈哈哈哈哈哈哈哈哈哈
哈哈哈哈哈哈哈哈哈哈哈哈哈哈哈哈哈哈哈哈哈哈哈哈哈哈

哈哈哈哈哈哈哈哈哈哈哈哈哈哈哈哈哈哈哈哈哈哈哈哈哈
哈哈哈哈哈哈哈哈哈哈哈哈哈哈哈哈哈哈哈哈哈哈哈哈哈

哈哈哈哈哈哈哈哈哈哈哈哈哈哈哈哈哈哈哈哈哈哈哈
哈哈哈哈哈哈哈哈哈哈哈哈哈哈哈哈哈哈哈哈哈哈哈

图 4-7 不同字间距的效果示例

行间距：建议设置为 1.5px、1.75px 或 2px，如图 4-8 所示。

哈哈哈哈哈哈哈哈哈哈哈哈哈哈哈哈哈哈哈哈哈哈
哈哈哈哈哈哈哈哈哈哈哈哈哈哈哈哈哈哈哈哈哈哈
哈哈哈哈哈哈哈哈哈哈哈哈哈哈哈哈哈哈哈哈哈哈

哈哈哈哈哈哈哈哈哈哈哈哈哈哈哈哈哈哈哈哈哈哈
哈哈哈哈哈哈哈哈哈哈哈哈哈哈哈哈哈哈哈哈哈哈
哈哈哈哈哈哈哈哈哈哈哈哈哈哈哈哈哈哈哈哈哈哈

哈哈哈哈哈哈哈哈哈哈哈哈哈哈哈哈哈哈哈哈哈哈
哈哈哈哈哈哈哈哈哈哈哈哈哈哈哈哈哈哈哈哈哈哈
哈哈哈哈哈哈哈哈哈哈哈哈哈哈哈哈哈哈哈哈哈哈

图 4-8 不同行间距的效果示例

一般建议两端缩进尺寸为 1.0px（部分曲面屏手机显示的文章会让人读起来很难受）；对于长篇幅文章，建议在编辑完后进行两端对齐处理，否则文章会很不整齐。

配图：配图是为了缓解通篇文字带来的阅读压力，但是注意不要用模糊的图，以免给人不好的感觉。要注意版权问题，我有一个同事偶然间发现自己的婚纱照出现在某公众号文章的封面上，最后那个公众号赔了我的同事不少钱，几万人次阅读量的文章还被要求删除了。配图的位置要合理，不要破坏阅读体验和文字的连贯性，也不要扎堆放好几张图。如果想展示的图片很多，可以用编辑器做一个横向拉或竖向拉看更多图片的展示效果，也可以做一个动图，一帧展示一张图。配图的色调、风格和宽度要统一，尺寸不合适的话，可以用公众号自带的裁剪功能处理一下。

下面分享一下我常用的配图平台。

Pixabay：支持中文搜索的国外摄影图网站。

Mysplash：著名的无版权照片社区，不限制用途。

小图标：iconfont-阿里巴巴矢量图标库。

WallRoom：一个高清壁纸门户，多为插画、动漫、游戏风格的图片。

除此之外，还有一些收费的平台，如包图、千图等。

> 提高阅读效率

我们可以根据结构给文章划分小标题，重点内容的字体颜色加深或字体加粗。

服务号是直接以聊天会话的形式触达用户的，而订阅号是统一被汇总到订阅号消息里的，所以标题是影响打开率最关键的因素。打开订阅号消息，文章的封面图一定要非常吸引人，同时注意标题的部分和底部的图片不能重叠。

2. 小红书的图文排版技巧

➢ 文字编辑技巧

（1）保证文章的原创度，避免因系统检测的重复率过高而限制流量。

（2）笔记内容不能违规，不能有违禁词。

（3）给图片上的内容打标签能增加笔记的权重，系统能更准确地判断笔记内容的分类，更好地向用户推荐。

（4）保证话题、关键词、文章内容的垂直度。

➢ 内容

（1）字数和时长。笔记的字数限制在 1000 字以内，建议字数在 300～800 字。小视频的时长在 60 秒内。

（2）笔记内容要注重口语化。

（3）巧用表情、符号，区分段落，突出重点，原创。

➢ 图片

（1）头图要突出主要内容，最好辅以文字。

（2）恰当使用贴纸。

（3）可以使用多张图片。

➢ 其他

（1）加#标签、添加地点：让用户更容易搜索到内容，增加曝光途径。

（2）@官方账号：更容易被推荐。

（3）更新频次：最好一周两篇，以活跃账号。

此外，还要注意平台的监测机制，主要监测文章是否含有引导、诱导、营销等违规行为。如果笔记违规，达到一定数量，小红书就会全面限制该品牌相关内容的曝光，情节严重的还会被封号。平台还会监测笔记的点赞、评论、收藏来源的真实性，以及文章是原创的还是抄袭的，只要其中一个方面出现问题，平台就会减少曝光，甚至不予推荐。

在学习和摸索的阶段，我们可以先去找成功的案例，在60%～70%上参考成功案例的框架，在30%～40%上做创新和个人风格的展示，但是注意不要照抄，只是学习格式、结构、风格。等我们逐渐找到感觉，就会有更多的发挥空间。

选题、标题、文章类型与写作结构

1. 选题

选题有三个关键要素。

（1）目的：选题要围绕目的进行，目的可以是传播也可以是转化。

传播类选题可以选观点文、话题文、干货文，转化类选题要注意用户与产品匹配，要充分展示产品的核心卖点。

（2）圈层：因为公众号基于微信生态的用户传播，是一种具有社交属性的内容分享，如互联网圈、宝妈圈、广告圈，所以垂直的内容更容易引起圈内人的共鸣和转发。

（3）新：可以是信息新，也可以是观点新，甚至是形式新（如条漫刚出来的时候就很火）。

选题是需要去发掘素材、积累经验的，蹭热点不是为了蹭而蹭，而是要写出不一样的东西。好的选题自带流量，但是我们一定要有底线，至少不违反平台的规则，不给自己带来负面影响。互联网是有记忆的，为了热点和流量去博眼球，若掌握不好分寸就会造成很严重的后果。

如何判断一个热点是否可以蹭？

首先，调研热点事件的来龙去脉，重点关注热点本身所在领域的影响力，即垂直影响力。其次，观察热点的可传播性是否自带传播属性，以及传播范围有多广。

另外，我们也可以把全年的节假日都列出来，总结往年的热点，看看是否有可以延伸的观点。

2．标题

有一段时间"标题党"风盛行，很多新媒体小编绞尽脑汁想了一些吸引人的标题，结果用户乘兴而来，败兴而归。图文的打开率高了，点赞率、分享率却很低，根本没有办法做到传播和靠内容涨粉。用户不想点开平平无奇的标题，但过于夸张的标题让用户预期过高，内容却难以满足。我们可以从用户想看的内容出发来取标题，如用户想展示的标签、想讨论的话题、有共鸣的新闻、想表达的观点等。

好的公众号标题可以是自问自答式的、有作者观点的延伸的、包含热点词的、具有冲突性的等。

比如，《××，你变了》《时代抛弃你的时候不会跟你告别》《停更 2 微 1 抖》《为什么"00 后"喜欢说 YYDS》。

小红书标题的撰写有几个方向：用包含目标群体、关键词、标题党词语的信息辅以符号；使用容易触及用户情感或内心的语句。

3. 文章类型与写作结构

（1）产品型。

这种类型的文章需要描述产品的特点、优点、好处。比如，××品牌黑胶雨伞轻便、小巧，德国银电子奖大赛获奖设计师联名款，能抵挡99%的紫外线，方便携带，颜值高，原价109元，现1件89元、2件159元，限时48小时特惠。

硬推，就要讲产品！

（2）干货型。

比如，头皮屑多到像下雪，是清洁不到位还是头皮有问题？头皮屑，其实是头部表皮细胞新陈代谢的产物。少量的头皮屑可能是头皮干燥，或习惯不好造成的。如果清洁、保湿都到位，平时不挠也不熬夜，头皮屑还是多，就可能是得脂溢性皮炎了。我们的洗发水就是一款含硫化硒的专业去屑洗发水。

这就是通过干货（知识点）推广产品。

（3）观点型。

比如，《乘风破浪的姐姐》中的××姐姐爆火，我是这样看的……这种类型就是讲一个新闻热点或社会现象，并代入观点，可在结尾处加广告或产品介绍。

（4）情节型。

比如，毕业5年，我欠花呗5万元，同事却买了车。这就是先讲一个故事，然后推广理财课程。

在确定了文章类型后，我们就可以开始搭建文章的架构了。

一篇文章可以简单分为开篇、主体、结尾三个部分。诺贝尔奖得主丹尼尔·卡尼曼教授提出过一个峰终理论：人的大脑经历事件后，能记住的只有"峰"和"终"，"峰"指事件的高潮，"终"指事件的结尾。所以，我们需要让文章有层次，有"爽点"，以及难忘的结尾。

开篇有以下几种形式。

（1）引用经典句式。比如，张爱玲说：人到中年的男人，时常会觉得孤独，因为他一睁开眼睛，周围都是要依靠他的人，却没有他可以依靠的人。

（2）开门见山，直接点题。比如，我拒绝××，因为……；对于××热点事件，我的看法是……

（3）冲突形式。比如，我的那位从不买单的公务员朋友花了 20 万元给孩子报兴趣班，孩子却……

主体部分逻辑要顺，节奏要快。通常一篇公众号文章的字数控制在 1500 字左右就够了，不要自嗨，要有案例或故事作支撑，以及画龙点睛的配图。

结尾部分可以升华情绪，也可以互动讨论、总结观点。最后还可以有一些引导动作，如评论区点赞前三名送小礼物、转发文章可以参与抽奖、关注公众号回复"干货"可以领资料。

一个新媒体从业者来面试内容运营岗位，你问他有什么作品，他会告诉你他曾经写过一篇公众号文章，阅读量为 10000 多人次。你问他为什么每天都会推送，阅读量就这一篇过万，其他的只有 3000～5000 人次。他答不上来。你问他觉得有哪些比较经典和市场效果好的文案，他说江小白。你问他江小白的文案哪里好，他说走心，再问他江小白的哪一句文案走心，他答不上来。

根据超哥的《再也难找基本功好的文案》，写好文案有两个基础：一是具备海量的知识，二是善于联想和总结。比如，我们要聊 5G 对未来的影响，你至少要知道 5G 是什么。如果我们想要真正地成为一个好的文案创作者，一定要建立专业的知识体系，这是建立在大量知识储备和阅读基础上的。此外，我们还可以去练习对文字的控制力。

不花钱的涨粉方式

基于公众号文章触达用户的方式有如下几种。

（1）发布文章后触达关注账号的用户。

（2）转发到朋友圈、群或转发给好友。

（3）文章被推荐到微信看一看、搜一搜。

公众号后台数据分析如图 4-9 所示。

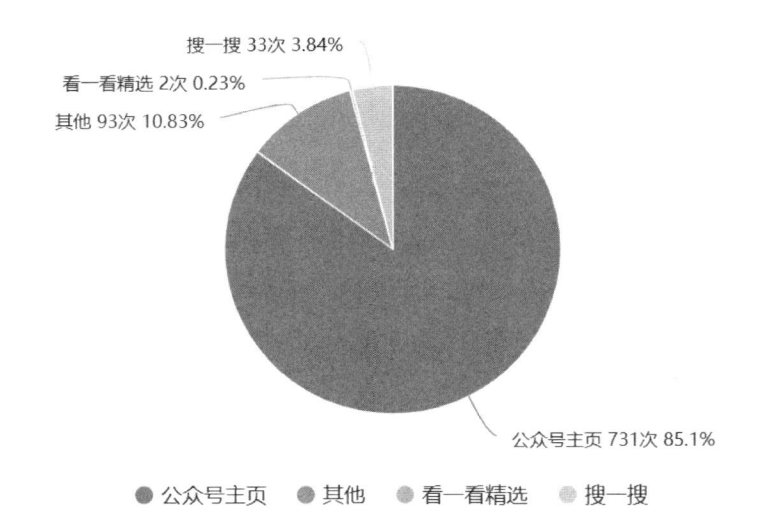

图 4-9 公众号后台数据分析

图 4-10 为公众号后台自带的数据分析，从中可以清楚地看到用户来源。

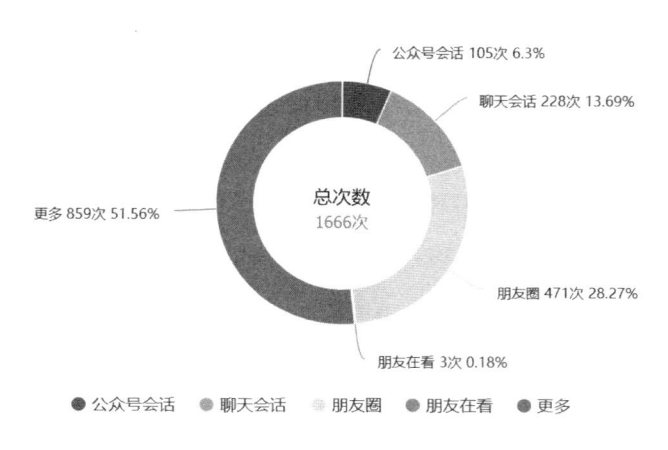

图 4-10　公众号文章的用户来源分析

有朋友说第一批粉丝可以来自亲朋好友，其实我不喜欢这个方式，因为这是在消耗人情，而且每个人的微信好友也不过几百到几千个，其中还有许多不是目标用户，所以在这种情况下想让自己的号达到一个盈利的量级是不可能的。

我们要到开放式的平台为自己引流，如今日头条、知乎、简书、小红书、微博、豆瓣等。我们给自己的定位是什么，就去相关的平台多发布相关的内容，只有优质的内容才能持续带来流量。我们也可以给一些大号投稿，开白名单转发。我的公众号在 20 个粉丝的情况下有了 1400 人次阅读量的文章，就是因为有一个大号转发了我的文章。

我朋友的个人订阅号有 8 万多个粉丝，最初的粉丝是通过在知乎上回答问题引流的。你在知乎上选择热榜的问题去回答，但是也要看回答的数量，如果已经好几千人回答了，那么你的回答很可能被淹没，要挑那种排在二三十名的，答案只有二三百条的问题来回答。注意：不要一次性答很多，也不要从别的平台复制，以免被封号；别直接放二维码导流；公众号和知乎的账号名称可以一样。

我们来看一下小红书的流量分发机制。小红书上发布的内容会被系统打上一系列的标签，然后系统就会把这些内容推荐给对这些标签感兴趣的用户。比如，你平时爱看减肥类文章，平台就会推荐更多关于减肥的笔记给你。系统在将笔记推送给用户后，根据用户的点赞、收藏、评论、转发、关注，给笔记打上内部分数，以决定是否要继续推给其他用户。

用户对笔记的点赞、收藏、评论、转发、关注间接反映了笔记内容的质量，在数据优秀的基础上，笔记会被系统推荐给更多的用户，形成"阶梯法"算法推荐。得分高的笔记，还会有小红书站内和百度搜索的流量的扶持，流量持续性高的可获得平台反复推荐（可以通过参与话题、搜索引擎收录获得持续的流量）。

资源引流是一个不错的涨粉方式。比如，微博上新出了一个剧，很多人就会求资源（看剧的网盘），往往评论就可以得到暗号，简单且有效。此外，关注公众号，回复关键词，获取桌面壁纸、学习资料等，也是有用的，不过要注意版权问题，尊重原创。

置换和互推也是没有多少成本的，不过需要花时间和精力来找匹配的合作方，还要花时间沟通。互推最好找粉丝数略多于自己的合作方。比如，你有10000个粉丝，可以去找比你多2000个粉丝的号，或者你用你的头条的位置去换一个拥有50000个粉丝的号的两条的位置。注意态度好一点。粉丝数量可以通过新榜、西瓜助手这些看数据的平台了解。一般愿意做置换和互推的公众号的菜单栏都会留有联系方式。

还有一种涨粉方式就是组织活动，如共读活动、打卡活动、公开课活动，我们可以让参加活动的用户帮忙传播，但是要知道只有福利或好的内容才能吸引用户参加。

聊到涨粉，我也想劝劝各位老板，要理性地看待"10万+"。我们想要考核这个内容运营人员的水平，可以通过后台的数据来了解，如文章的打开率、转发率等。如果你的号只有10000个粉丝，那么1000人次的阅读量就很不错了；如果你的号有100万个粉丝，那么10万人次的阅读量也正常。总之，要看账号的底量。把考核涨粉的压力都给内容运营人员是不合理的，除非真的找了一个特别有经验的、本身有一定影响力的人，不然就不要去为难拿几千元固定工资的打工人。涨粉是讲究配合的，要看活动的预算和投放的预算。如果你的员工真这么牛，一个人随便写写文章就能涨粉几百万个，他干吗还给你打工呢？我们要科学、合理地来看待和拆解涨粉这个任务。

公众号、小红书的投放与变现模式

1. 公众号投放

➢ 找供应商

Wi-Fi 引流：关注你的公众号可以连接 Wi-Fi。

照片打印机引流：扫码关注你的公众号可以免费打印照片。

纸巾引流：在公共厕所关注你的公众号可以获得纸巾。

按摩椅引流：关注公众号可以免费体验几分钟。

娃娃机引流：关注公众号可以免费抓两次娃娃。

➢ 微信生态

朋友圈广告：显示在朋友圈信息流中，分为常规式广告和卡片式广告。

常规式广告以文字和图片为主,门槛低;卡片式广告可推送链接,形式灵活。

公众号广告:可以显示在需要推广的文章底部或中部,可以推广公众号或文章。

➤ 投放与用户画像接近的公众号

若你的产品是美妆类目的,则需要找女性用户多的公众号去投放。

➤ 外部投放

我们可以找一个公众号投放。

(1)确定投放的产品,如 0 元体验课、1 元低价体验课。

(2)筛选合作的账号:可以通过账号粉丝的用户画像、往期文章的数据来评估,也可以借助一些平台排名和报价获取更多的信息。

(3)确定合作:预约资源位和排期,准备物料。

(4)推广与承接引流的用户。

(5)服务与转化后端产品,评估投放数据。

找号的方式主要有两种。

(1)找中介:就是找供应商,注意说清楚目标。

(2)自己找:在西瓜助手、新榜、微信搜索关键字,找到目标账号,然后一个个关注,查看用户群体,发布内容,添加商务微信,私聊,确定是否和自己的要求相符。

2. 公众号变现模式

➤ 广告直投

广告分为硬广和软广。其中,硬广是甲方提供文案,软广是自己写软文。

广告费有两种结算方式，一种是按阅读量计费，如一次阅读 0.5~1 元；另一种是按 CPS 分成，如推广某 99 元的课程，成交一单给你 30~50 元。

> 流量主：开通门槛为粉丝数大于等于 500 个

公众号广告形式有公众号底部广告位、公众号文中广告位、公众号视频后贴广告、返佣商品、公众号视频中贴广告等，如图 4-11 所示。

图 4-11 公众号的几种广告形式

> 赞赏

赞赏是公众号官方的一个功能，开通后在文章末会有一个二维码，读者可以直接扫码进行赞赏。

> 付费阅读

公众号的部分内容可以免费看，部分内容需要付费后解锁。

另外，还有一些平台可以进行分销和接广告，如新榜、小鹅通。

3．小红书投放

薯条是一款为小红书用户打造的笔记、直播间推广工具，可选择推广目标，能帮助提升笔记阅读量、互动量、粉丝量、直播间观众量，吸引更多的"小红薯们"更快地看到你的内容。如果笔记质量高，即使小额投放也能看到效果（在自然流量下，阅读量和互动量达到10%就可以试试看）。

申请条件如下。

- 发布笔记数大于等于 2 篇。

- 粉丝数大于等于 500 个。

- 账号符合社区规范。

除了薯条，也可以直接找小红书明星、达人及素人合作。我认识一位小红书 PR（可以理解为帮甲方在小红书上找人做推广的人）给我报价：在有几千个粉丝的小红书账号发布一条广告大概是 300~500 元。当然，也有第三方平台、广告公司专门承接这类业务。

4．小红书变现模式

（1）品牌合作人：被官方所允许，具有小红书官方认证的推广资格，需要满足两个条件，一是个人认证，二是粉丝数大于等于 5000 个。非品牌合作人发布推广笔记有被"关小黑屋"的可能。

（2）小红书 MCN 机构素人签约公司。

（3）和品牌合作（发广告）：根据自己账号的粉丝数、流量和定位来报价。

（4）引流到私域变现（容易被限流）。

公众号案例

我接触互联网是从公众号开始的，前后加起来也运营过十几个号了，有从 0 开始做的，也有从几千、几万底量开始做的，还操盘过"10 万+"用户的公众号。我想告诉大家的是，"10 万+"不是一个人埋头苦想，有了好的灵感就可以实现的，"10 万+"需要天时、地利、人和。

我在这里想特别声明一点，那些想花几千元就找一个新媒体运营把一家公司的公众号做到几十万甚至几百万个粉丝的公司就别去了。我们要科学地看待数据。一个新号发布了一篇不错的文章，除非真的观点犀利、文笔逆天，又恰逢热点，作者还有一定的资源渠道，不然能触达用户的方式只有转发朋友圈、转发群、渠道投放、用户主动搜索。

2019 年 1 月，我闲来无事开了个新号，开始自己发圈，只有 200~300 人次的阅读量。一家做知识付费的公司的创始人觉得我的内容不错，于是将我的文章转发到了朋友圈和社群。这样，我在只有 20 个粉丝的情况下，文章有 1400 人次的阅读量。

我们评估一篇文章效果怎么样可以参考文章的打开率。比如，你的公众号有 1 万个粉丝，打开率是 10%，阅读量就是 1000 人次；如果有 100 万个粉丝，就有"10 万+"阅读量。有的爆文可能写得不怎么样，但阅读量惊人，那是因为这个公众号有 100 万甚至 1000 万个粉丝，或找渠道投放了。

另外，我们也可以参考转发、点赞，如果是软文，还要看 CPS 或产品转化率。比如，1000 人次的阅读量，卖了 100 份，转化率就是 10%。对内，要清楚地知道做公众号的目的是什么，是品宣，还是营收，目的不同，考核的指标也是不一样的；对外，轻易不要做投放，要做投放就要考虑用户画像是否匹配，可参考往期文章的打开率、转化率等。

下面分享几个我操盘过的公众号案例。

案例1　内容公众号增长玩法

2018年，我操盘了一个内容号（可以看到截图里还有日期），如图4-12所示。

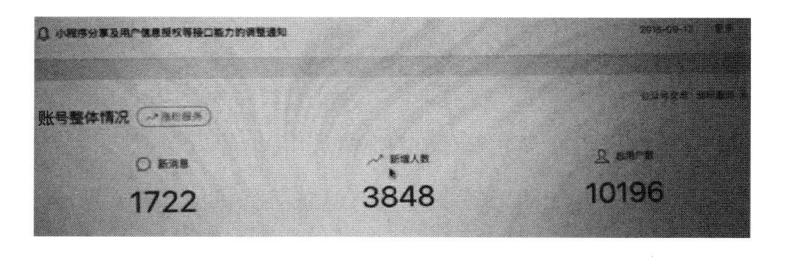

图4-12　公众号运营实例

如果初期没有太多预算，做内容公众号可以参考这个方式。

第一个阶段，输出原创。

这个公众号由两个内容运营人员来写，每隔两天还要开选题会（4~5个人参与），两个内容运营人员每周输出10篇原创文章，并交替发，如果有新热点就临时替换。我在只有500个粉丝的情况下蹭了一个热点，写了一篇1800人次阅读量的文章。

我分享一个小技巧：我们一口气注册了好几个微信号，同一篇文章内容不变、标题换一下，同时在几个号发布。微信是有自然流量扶持的，等每个小号有一定粉丝后再全部迁移到主号，在这个过程中还可以测标题。

第二个阶段，投放，测内容和用户画像。

我们会在娃娃机、CBD 写字楼、机场 Wi-Fi 等场景做投放。比如，关注我的公众号可以免费抓两次娃娃，关注我的公众号可以获取 Wi-Fi 密码。这些是有专门的对接渠道的，价格在几角到几十元不等。当然我们不会大批量投放，每次只测几千元的。最终，我们发现"职场女性、20～35 岁"是我们的用户画像。

第三个阶段，活动+变现。

开始软文推广+做常规活动，这些玩法现在可能已经过时了，我就不过多展开了。这个号在只有 3 万个粉丝的情况下用知识付费产品变现 70 多万元，之后我们又以每个粉丝几元的价格把这个号卖了，这是一种"短频快"的打法。

一个不方便说名字的大号经常有爆文，其初期也采用了这样的打法，他们的内容团队更厉害，人也更多，现在已经是头部号了。

案例 2 K12 公众号增长玩法

这个案例是 K12 的项目，因为该项目还在运作，所以不方便透露太多信息。我们最早接手的时候有 3 个矩阵号+社群，差不多是 7 万个粉丝，我们 1 个小组的 3 个人用一个半月做到了 10 万多个粉丝。

第一个季度的 KPI 是用户增长和有效线索。

我先拿一个小号测了一波活动，用户画像是高知家长，并在年前发起了一场裂变活动：邀请 3 个好友关注公众号送编程课，排前 3 名的送乐高玩具，排前4～10名的送一本实体书。我们大概用100多元的成本裂变了几千个新用户，几百个有效线索。我们发现方向可行，于是我们3个人又分别划分了不同的板块，每天输出不一样的内容，测算每篇文章的自然增长流量。

在这种情况下，目标可以拆解为以下几个方向。

（1）自然流量，在订阅号日更、服务号周更的情况下，考核每篇文章的打开率、阅读量和自然流量。

（2）定期裂变，每月3场，考核每场的增量、ROI。

（3）互推置换，每周1次，可找同类型的公众号，发布1条或2条内容，进行互相推广，可以是公众号推广，也可以是产品推广。

（4）渠道投放，每月1次，找大号带——这就要付费了。

结果一个半月就完成了任务。

案例3　新号玩法：3场活动带来海量新用户

这也是新号的玩法，如图4-13所示。

全部用户 (10081)
417实体书裂变 (3771)
61实体书裂变 (2254)
七夕 (2198)

图4-13　3场活动带来海量新用户

2019年4月，我新开了一个账号，且没有去做投放。4月21日，我发布了第一篇文章，只是在社群转发，但通过4月23日的线下活动

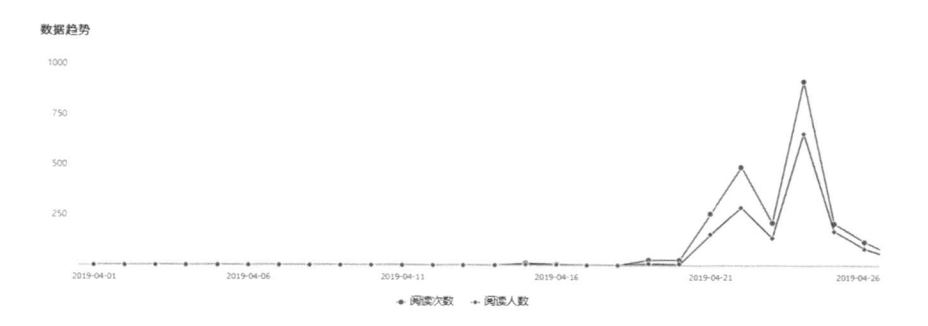

这篇文章一下就传开了。我们从图 4-14 中可以看到阅读的趋势变化。

图 4-14　公众号自带的内容分析功能

我的整体操作是这样的：通过线下活动和社群进行宣传，积累几百个初始用户，组织 3 场裂变活动。要说成本也是有一点的，我经常会去收集一些其他部门闲置的或不要的活动物料，刚好出版社送了我一箱样书，我就拿这些物料做了两场裂变活动，成本差不多是一点邮费。

第一场活动的玩法非常简单，一看海报就知道了，如图 4-15 所示。我简单讲下活动链路。

（1）邀请 3 个好友关注公众号即可获得电子书。

（2）邀请 20 个好友关注公众号即可获得随机纸质书。

（3）排名前 10 赠送其他实物奖品或好一点的书。

其实，每场活动真正拿到奖品的也就 20～30 个人，邮费 200 元左右就搞定了。

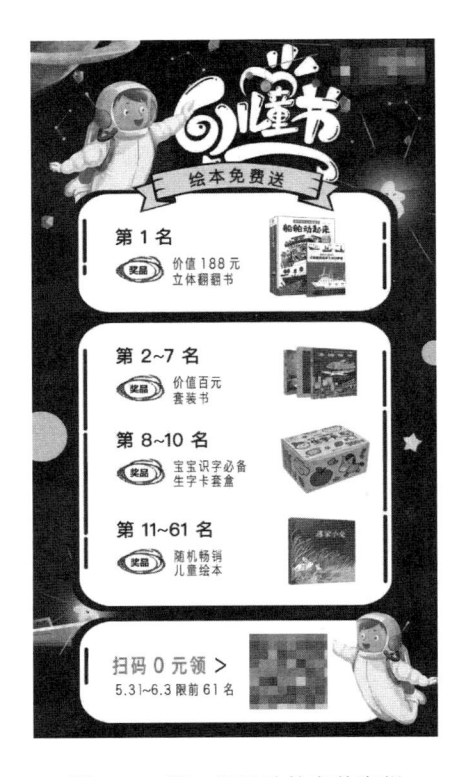

图 4-15 第一场活动的宣传海报

我联动了其他部门一起来做第二场活动。

(1) 邀请 3 个好友关注公众号即可获得电子书+7 天线上训练营。

(2) 邀请 20 个好友关注公众号即可获得随机纸质书。

(3) 排名前 10 赠送其他实物奖品或好一点的书。

第三场活动也是同样的玩法。当时刚好公司音乐部门将一批激活码作为合作福利给了我们的行政负责人,于是行政负责人就给了我一些做活动用,如图 4-16 所示。

图 4-16　第三场活动所选用的虚拟奖品

这里我建议奖品尽量是虚拟的，并注意控制成本。

举个例子，一场活动花了 200 元，拉新 2000 人，那么每个流量成本是 0.1 元，如果转化率是 10%，即 200 人买了客单价 50 元的产品，那么我的收入就是 10000 元。假设每个产品成本是 20 元，利润就是 30×200=6000 元，营收就是 6000-200（物料费）=5800 元，ROI 就是 30，那么这场活动就可以做。

我使用的裂变工具是云助手，市面上也有很多其他营销软件可以用，如裂变宝等，但是从 2019 年下半年开始这类活动就不好做了，因为在朋友圈发布内容很容易被屏蔽。

最后总结一下，想要做好一个新号，不仅要有优质的原创内容，找到核心用户画像，还要搞清楚做这个号的目的是什么，而且针对不一样的量级有不一样的打法。

新榜持续监测的 88.5 万个微信公众号数据显示，2019 年 8 月，微信共产生了 24725 篇"10 万+"的文章。其中，原创文章 7701 篇，日均原创仅 248.4 篇，最少的一天，全网仅产出 195 篇"10 万+"的原创文章。88.5 万个微信公众号，一天才产出 200 篇左右的原创"10 万+"的文章。可见，做好一个新号，优质的原创内容非常关键。

如果你要卖货，没有精力搞内容，那么，把产品质量、供应链做好，找性价比高的渠道投放，持续做活动就好了；如果你做内容型的公众号，那么，没有永恒的套路，只有真诚的创作者。但是如果你能多了解你的用户，有方法地去写、去推广，则会更高效。

小红书案例

这一节我想和大家分享两个小红书的案例，其核心方法还是通过关键词找到爆款，分析图片、文案、内容上的共性，通过总结爆款的规律来创作内容。小红书图文的后台数据如表 4-2 所示。

表 4-2 小红书图文的后台数据

标题	头图	阅读量	点赞量	收藏量	评论+回复量
周末好去处，不花钱就能学技能,还能拿证书		23060	1246	1454	286

续表

标题	头图	阅读量	点赞量	收藏量	评论+回复量
1500元～2000元，杭州证书补贴申请攻略		2391	46	52	41
杭州政策也太好了，考个证还给1500元		7860	105	103	53
我的插花作品		755	5	3	8

案例1　小红书0粉丝账号1条图文收款8万元

我在做培训业务时，想在小红书上引流，便随手发了一篇有关我的插花作品的文章，结果有8个人评论，3个人来加我。但我没有及时回复，没想到一位朋友主动搜索，找到了工作人员的联系方式，并成功付费报名了。于是，我开始研究这个方向。

我先通过一些关键词搜索热门的图文。我搜了"插花""茶艺"，发现关注的人并不多，又搜了"杭州补贴""考证""证书""技能"，发现这些关键词关注度挺高的，于是我又发了一篇文章《杭州政策也太好了，考个证还给1500元》。结果有7860人次的阅读量，一周内有8个用户通过私信和大众点评付费了。我便把这个方法分享给团队的小伙伴，并且转发了一些热门图文给她们参考。其中一位小伙伴用新注册的0粉丝的账号发了一篇文章《周末好去处，不花钱就能学技能，还能拿证书》，结果 3 天就有了将近 15000 人次的阅读量。我们在评论区引导大家关注"大众点评",对于私信我们的用户就直接发客服的联系方式,最终在 1 周内有 30 多人付费了。在 1 个月的时间里,平均每周有 200 个人是从小红书到大众点评或加客服好友来咨询的,最终这篇图文 0 成本收款 8 万元。于是我们开了 5 个账号,又建了一个文档,把各自发的文章标题、头图、曝光量、点击量、转化率整理在一起,慢慢摸索出了内容引流的规律,掌握了小红书引流的规律。

案例 2　1 个月小红书纯内容涨粉两万个

这个账号是业务小组的章广龙和一位已离职的同事一起尝试的新方向:一位同事负责写脚本和出镜,另一位同事负责拍摄、剪辑、上传和运营账号;每周会储备一定的脚本,花一个下午的时间集中拍摄,再陆续剪辑,每天发一条。这个账号叫"爱读书的小蜗牛",呈现形式是真人出镜+好书推荐。

这个账号刚开始数据比较平淡,直到出了一个小爆款。

封面:易烊千玺图片+文字(《人间告白》让易烊千玺听哭的真实故事)。

描述:这个真实的故事把易烊千玺和何炅都听哭了,"从我懂得爱的时候就全力去爱人,当我懂得死亡是什么的时候,我依旧用尽全力去爱",这本书让我在食堂里一直唰唰流泪。

最终这条视频有了 28000 次点赞、7000 个收藏和 200 多条评论。

自此,数据有了一定幅度的上涨。不过在运营了 3 个月后,我们还是选择放弃这个号。因为单纯进行书籍推荐没有办法把员工的个人 IP 打造出来，也没有办法为我们的产品导流，且变现形式只有广告和带货，这对于品牌而言意义不大。个人有兴趣可以尝试看看，企业就放弃吧。

小红书的主要流量来源是"发现—推荐页"。用户的行为主要是搜索关键词、关注某内容、关注同城内容。图文的自然打开率、互动率，以及搜索关键词后的打开率是营销爆款内容的重要因素。关键词搜索结果会显示的内容为：标题+正文的前 22 个字、头图、昵称、点赞数。

小红书最核心的流量来源是推荐流和搜索结果。围绕最核心的流量来源去做，能够让你的内容营销策略更有效。小红书内容推荐的逻辑主要有三个：高打开率、高互动率、高搜索率。

小红书给用户推荐内容的主要依据：用户的基本特征分类、用户的搜索及互动等行为、用户的关系。抓住其中任何一点去布局内容都能形成一套独特的内容营销打法，都可以高效触达目标人群。

要注意：若有一些敏感词语，导流到其他平台的信息会被限流；被推荐后的图文曝光量会比较大，而且会持续曝光。导流方式一般有 3 种：第一种是私信发微信号，加好友聊；第二种是评论区导流到大众点评或公众号；第三种是标记定位。

互联网营销界、品牌界开始流传这样一句话：5000 个小红书 KOC 测评+2000 个知乎问答+搞定一个头部主播=一个新品牌。其实，这种投放策略的本质是用最低的成本在全网做曝光。这种方案乍看美好，实际上是经不起推敲的。对小红书而言，在短期内大量投放同质化内容难以保证内容质量。而且，内容营销本身是一件很细致的事情。内容形式的设置，文案、图片、视频等素材及细节，都会影响最终结果。

如果同样的劣质内容在用户视野里反复"刷屏"，就算做到强曝光也没用，反而会让用户对品牌反感。一个品牌的投放效果好不好，或者说这个品牌最终能否打动用户，要看输出的内容是否专业、真诚。

第五章

短视频和直播：电商新常态

平台规则与流量推荐机制

在开始讲短视频运营之前，我们先简单了解一下短视频的发展历程。在开始的时候，每个中国视频网站都有一个梦——Youtube。Youtube 是 2005 年创办的，如今每月有 20 亿个用户访问，年营收超过 150 亿美元。

为什么直到 2018 年中国才迎来了短视频的风口？

这就必须提到视频的生产模式：

UGC（User-generated Content），用户生产内容；

PGC（Professionally-generated Content），专业生产内容；

OGC（Occupationally-generated Content），品牌生产内容。

PGC 与 OGC 以是否有报酬作为边界，而 PGC 则出于爱好。美国有家庭录影文化，会用 DV 机记录家庭生活，而 Youtube 的出现只是将这些视频搬到了网上，然后"发扬光大"，但在 2000 年左右，国内很少有家庭有 DV

机，也就没有了 UGC 上传的基础。到了 2015 年之后，随着智能手机的普及和手机网络提速，国内也迎来了短视频的风口。

那么，如何做好一个短视频账号呢？

1. 做好账号定位

在启动一个账号之前，我们需要先想好账号的定位。大部分人做短视频的最终目的都是变现。现在的短视频平台对于全新的素人已经不是很友好了，出于变现的目的，账号需要聚焦某个垂直领域。只有做好账号定位，生产的短视频内容才能聚焦，被短视频内容吸引过来的人才更有可能为产品买单。

2. 了解平台规则与流量推荐逻辑

我们先来了解中心化算法与去中心化算法。

谈到平台算法机制，不可避免地要提到"中心化"和"去中心化"这两个概念。我们先思考一个问题：抖音的内容分发模式主要是中心化分发模式还是去中心化分发模式？

你可以仔细观察一下，你打开抖音刷到的大部分视频是不是都有不少的点赞量，很少有 0 赞或很少赞的视频？中心化算法是指依靠系统对内容进行判断，将视频推荐给可能对该视频感兴趣的人群。

中心化分发机制会让爆款视频越来越火，一条视频一旦被系统判定为爆款视频，就会被系统以中心化分发机制分发给更多的用户，从而获得更大的曝光量。

去中心化分发机制需要用户依靠自己对视频封面和标题的判断，决定是否打开视频进行观看，以及是否进行互动操作。即便视频出现在首页的推荐列表里有机会让更多的用户看到，但由于用户对内容的喜好是自主选择的，所以视频被用户打开的概率远远低于中心化分发机制下的概率，涨粉也较为困难，但粉丝的黏性会比较好。

在抖音这样的中心化分发机制的平台做内容产出，竞争非常大，不论是头部达人，还是普通的内容创作者，基本都处于同一起跑线。在系统的推荐算法面前，区别只在于粉丝量较多的达人的粉丝会收到系统的新视频提醒消息，因此基础的播放量、点赞数、评论量和转发数等互动的数据较高，但最终能否获得更大的流量，依旧取决于平台对视频质量的判断。可见，中心化分发机制相对更具公平性。中心化算法流程如图 5-1 所示。

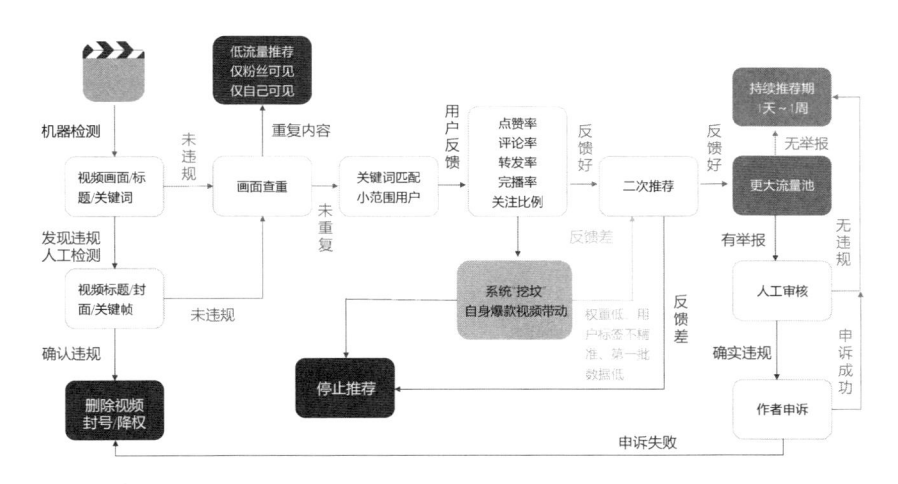

图 5-1　中心化算法流程

基于抖音的智能分发，创作者创作的视频会根据用户标签和内容标签智能分发给小部分用户，系统会统计视频在小范围用户中的完播率及互动率等数据。如果视频的点赞率、评论率及转发率等表现优秀，系统判定这条视频为受欢迎内容，将会为内容自动加权，推荐给更多的用户。

截至 2021 年 2 月 11 日，抖音主站的日活已经达到了 5.8 亿人。那么问题来了，现在入局短视频是否还是一个好的时间点呢？现在入局短视频确实已经不是最好的时间点了，但是好的内容是永远不会过时的，所以，只要内容足够优质，现在依然可以迎风而上。

目前市场上的主要短视频平台为抖音、快手，主打内容能否在开头3～4秒体现核心尤为重要，因此这类平台更侧重于快速浏览的效率和抓住眼球的形式。用户的行为主要是搜索关键词、关注某内容、关注同城内容。图文的自然打开率、互动率，以及通过搜索关键词后的打卡率是营销爆款内容的重要因素。

不同类别视频的对比如表5-1所示。

表5-1 不同类别视频的对比

类别	短视频	中视频	长视频
时长	1分钟以内	1～30分钟	30分钟以上
生产模式	UGC	PGC	OGC
展现形式	竖屏	横屏	横屏
国内产品代表	抖音、快手	西瓜视频、哔哩哔哩	优酷、爱奇艺、腾讯视频
主要视频类型	创意类	生活类、知识类	影视、综艺
平台盈利模式	信息流广告、直播电商	广告、直播等	会员付费、片头广告

平台更侧重内容的分发效率、完播率和点赞量等数据表现优异的内容，会给予大量流量的推送。运营技巧主要有以下几种：

- 视频时长控制在40秒以内；
- 参与官方挑战赛和官方话题；
- 优质的视频可以尝试投放抖加来增加基础流量。

基于抖音的智能分发，无论是普通内容创作者还是大咖，创作的内容的第一次传播都是依靠第一次的推荐流量的。新视频分发以粉丝和附近的人为主,再根据用户标签和内容标签进行智能分发。若新视频的完播率和互动率高,这个视频则有机会获得平台的持续加持流量。

影响播放量的两个重要因素如图 5-2 所示。

后续叠加推荐是什么?举个例子,视频的转发量达到 10 次,抖音系统判定这条视频为受欢迎内容,将会自动为内容加权,叠加推荐一个数量级,若转发数量达到 1000 次,则叠加推荐更高的数量级流量。

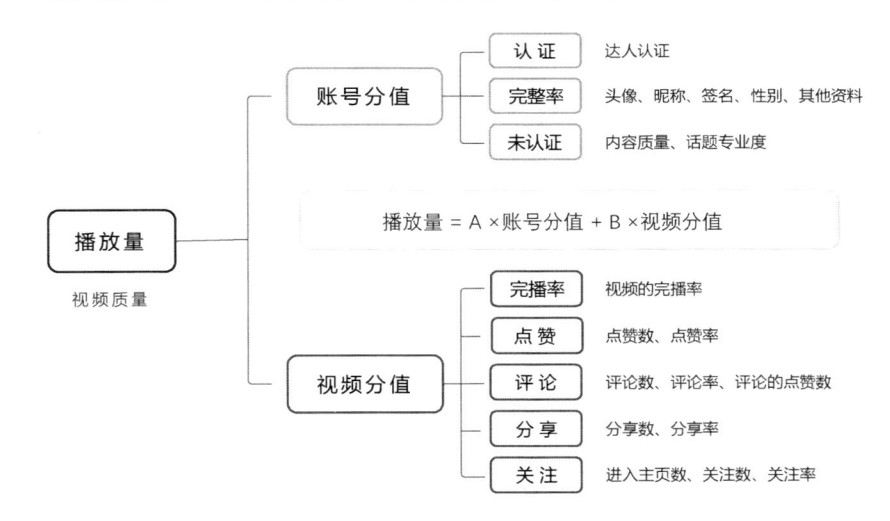

```
播放量（视频质量）
├── 账号分值
│   ├── 认证 —— 达人认证
│   ├── 完整率 —— 头像、昵称、签名、性别、其他资料
│   └── 未认证 —— 内容质量、话题专业度
│
│   播放量 = A ×账号分值 + B ×视频分值
│
└── 视频分值
    ├── 完播率 —— 视频的完播率
    ├── 点赞 —— 点赞数、点赞率
    ├── 评论 —— 评论数、评论率、评论的点赞数
    ├── 分享 —— 分享数、分享率
    └── 关注 —— 进入主页数、关注数、关注率
```

图 5-2 影响播放量的两个重要因素

在视频发布之后观察 30 分钟,如果内容优质但没有流量,可尝试做投放;在视频点赞过万时流量停止,这时可以做投放,并寻求第二波流量;视频大爆之后,在准备直播时,可投放抖加,增加流量。

平台一直在变,现在有微博、公众号、抖音等,以后还会有别的,所以我们要学会思考平台背后的逻辑,以便在下一个用户高地出现时快速"跑马圈地"。只要我们给用户提供价值,我们就可以一直"活"下去。

短视频拍摄与制作：一条短视频是怎么做出来的

视频录制必不可少的设备如图 5-3 所示。最简单的录制设备就是手机，高阶的有相机、无人机、运动相机、摄像机；稳定设备有相机稳定器、手机稳定器、相机三脚架、手机支架；外设设备有固定光源、移动光源、提词器、收音麦克风。

图 5-3　视频录制必不可少的设备

常见的 PC 端视频剪辑软件有 Premiere、Final Cut Pro、会声会影，手机端视频剪辑软件有剪映、快影、VUE、巧影，如图 5-4 所示。

图 5-4　常见的 PC 端与手机端的视频剪辑软件

1. 短视频的制作流程

一个优质的短视频是如何制作出来的呢？制作流程分为：选题、写脚本、拍摄、剪辑、发布。

➤ 选题

一个短视频能否成为爆款，选题的决定作用占 70%。一个好的选题能让短视频直接赢在起跑线上。优秀的团队每周都会开选题会，团队成员会对编剧想出来的选题打分：满分 10 分，8 分以上的选题是立刻要做的，6～7 分的选题会根据本周的优秀选题量筛选出一部分制作或留作储备，5 分以下的选题一般就会被放弃。

在做短视频选题时，我们需要掌握如下原则。

（1）接地气，贴近用户，拒绝自嗨。只有基于用户的喜好和需求做选题，才能比较好地触发视频的完播率。

（2）有价值。选题内容要有价值，能够满足用户的需求。

（3）垂直领域。选题要和账号定位相匹配，展示短视频团队在垂直领域的专业性，提升影响力，从而吸引更精准的粉丝。内容越垂直，用户黏性越高。

（4）把握分寸。比如，千万不要使用平台限制的敏感词语，也不要盲目地蹭热点——热点往往都是敏感话题，如果把握不好分寸，一个账号可能就毁于一个视频。

为了持续地输出内容，可以建立一个选题库，在没有特别优质的选题时可以在选题库中选择一个选题，保持账号持续性更新。选题库一般有 3 种来源。

（1）爆款选题：了解各大热播榜单，掌握热点话题，从中选择合适的话题进行选题创作。

（2）时节性选题：如节日性选题，可以在节日前布局针对该节日的大众关心的话题。

（3）日常选题：选题会上那些评分中等偏上的选题可以储备到选题库中。

> 写脚本

脚本的最大作用是快速让演员及剪辑人员根据编剧的想法，最大可能地展示编剧想要的效果。短视频对脚本的要求是非常高的，一个1分钟左右的视频的脚本字数必须控制在150个字以内，并且不能有长句，因为长句容易影响观众的接受度。用150个字表达出选题的中心思想，非常考验编剧的功底。

现在比较流行的短视频类型有：多人出镜的情景剧、单人出镜的讲解视频、动画剪辑、生活类微录、教程类短视频、动画类短视频。

下面给大家看一个优秀的爆款知识类短视频剪辑脚本。

亚洲人的智商

全球最高

但人类基因其实只有0.01%的差别

一般人要睡7~8小时

但如果你有短睡基因

睡4小时就"饱"了

DNA的保质期只有680万年

想通过恐龙化石复活恐龙

只能在电影里

我们一生

会发生数百万次基因突变

人体细胞会因为外界刺激（紫外线、化学物质、污染及病毒）

不断破坏 DNA

扛不过去就会挂

爱不爱吃香菜

是不是脸盲

都跟基因有关

遗传病也是

这对龙凤胎患有 SMA（脊髓性肌萎缩症）

一针 70 万元

多亏互助社区

才能继续治疗

……

这是抖音账号地球村讲解员的一个视频脚本，视频全长 37 秒，一共 189 个字，几乎没有一句话超过 12 个字。你有没有发现这其实是一条广告文？

如何写一个真人出镜的微录脚本？我们可以参考表 5-2。

表 5-2　微录脚本示例

拍摄地点	序号	景别	拍摄角度	画面	配音	字幕	音乐	音效	时长

> 拍摄

拍摄的视频要清晰，没有人愿意看模糊的视频。如果用手机拍摄，在拍摄前要先将视频的分辨率和帧率设置到最佳，这样能给后期处理留足空间。短视频平台用户习惯观看竖屏视频，所以我们在拍摄时也应该尽可能拍摄竖屏视频。

> 剪辑

剪辑的首要任务是让成片能较好地表现选题内容。我们不需要将短视频做出大片的效果，但一定要让观众看完后知道我们说了什么。

一个短视频一般会有画面、背景音乐、配音、字幕、描述、封面等元素，如图 5-5 所示。

图 5-5　短视频的几个重要元素

背景音乐要匹配视频的风格，可以去热门音乐榜单中找。注意背景音乐的热度也会影响视频的播放率。基于此，选择视频背景音乐的 2 个原则如图 5-6 所示。

配 乐

· 符合视频风格
· 找热门音乐

图 5-6　选择视频背景音乐的 2 个原则

封面的尺寸有 9∶16 和 6∶7 两种规格，如图 5-7 所示。封面的尺寸会影响打开率。注意不要因为尺寸不匹配导致图片被遮挡和挤压变形。

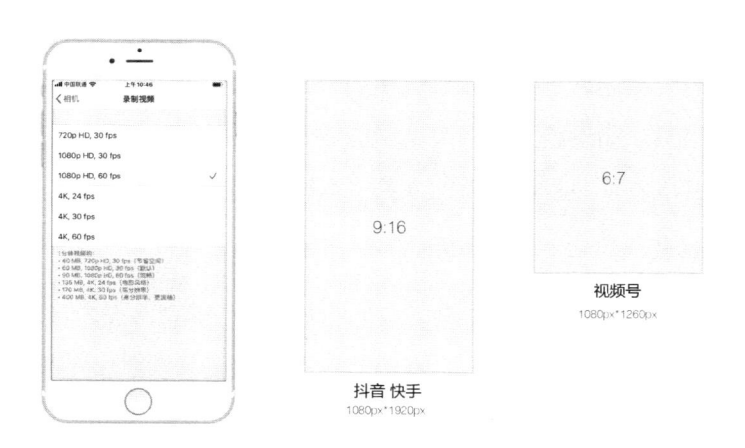

9:16

抖音 快手
1080px*1920px

6:7

视频号
1080px*1260px

图 5-7　两种封面尺寸

视频封面的文字描述至关重要，如果不知道怎么写，则可以去热门视频的评论区寻找跟视频相关的高赞评论。

视频封面和描述如图 5-8 所示。

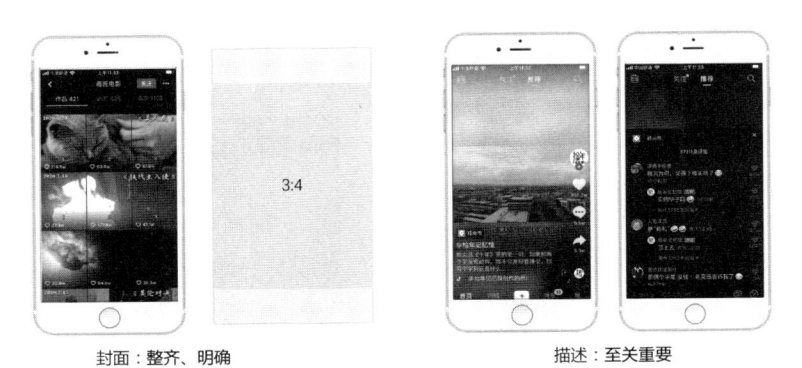

图 5-8　视频封面和描述示例

➤ 发布

视频的更新频率最好保持稳定。

2．人员配置

一个短视频团队的最低配置包括编剧、演员、摄影+后期制作人员、商务人员。当然，如果能力特别突出则能够一个人负责 2～3 个岗位。考虑到团队的运营成本，短视频团队的人员可以减少。

➤ 编剧

在制作短视频的过程中，贡献最大的是编剧，编剧的能力决定了团队的下限。编剧需要根据当下热点、演员特点及账号定位进行选题及脚本创作。

➤ 演员

观看短视频后，观众会记住的一定是演员，因此演员除了应能较好地表达脚本，还应有个人特色。最好不要换演员，因为观众会很自然地把演员和账号绑定在一起，如果换了演员，就可能流失很多粉丝。现实中，很多头部账号因换了配音演员给账号带来了致命的打击。

> 摄影+后期制作人员

需要根据脚本拍摄短视频，并剪辑出成片，因此摄影和后期制作人员的工作量会比较大。

> 商务人员

简单来说，商务人员就是负责赚钱的。做短视频大多以变现为目的，而短视频团队的运营成本是很大的，如果短视频团队没有公司"养着"，就需要商务人员将内容变现，以维持短视频团队的正常运转。

3．运营小技巧

（1）在账号运营初期，我们会选择模仿制作一些热门视频来积攒账号流量，等我们准备正式发布垂直内容的时候再将这些视频隐藏。根据系统算法，发布的前 5 个视频如果没能产出 1 个被推荐的作品，那么这个账号其实已经没有继续运营的必要了。

（2）在中心化分发机制的平台上做内容产出，内容不仅要迎合用户的喜好，还要想办法获得系统算法的青睐。我们需要通过缩短视频的时长来提高完播率，但是视频太短又会影响系统判定，因此时长为 40 秒左右较佳。除此之外，还需要在评论区和粉丝互动，以提高评论率。

（3）短视频平台一般都会有"挖坟"机制。对于一些我们特别满意但数据不理想的作品，我们可以尝试投流来二次被系统评分，但要注意投流策略，特别是在账号早期运营期间，过多地投流容易被系统判定为"氪金玩家"，不利于后期的运营。

采访拥有 5000 万个粉丝的 MCN 机构的商务负责人和拥有 600 万个粉丝的短视频账号的运营者

我从 2019 开始利用业余时间做一些行业分享的课程和企业内训，2021 年正式加入浙江省企业培训师协会。我平时也会遇到一些讲师在授课时全用他人的案例的情况，随着市场要求越来越高，企业不再喜欢空有理论的讲师，更喜欢有业务经验的讲师。我一直秉承一个原则：对于我没有做过的事情，我不拿来说。在研发互联网营销师课程内容的时候，我花了两个月的时间拜访了杭州十余家 MCN 机构和品牌方业务负责人，如无忧星耀、芒果日记、VT 等，也邀请了公司内部有直播、短视频操盘经验的同事一起参与内容制作。我特别采访了我的两位同事：一位是地球村 MCN 商务负责人童颖瑞老师，他做过地球村讲解员、"地理老师王小明"等拥有众多粉丝的短视频矩阵账号的商务工作；另一位是我们团队的新成员周灵瑜，她在大学实习期间参与了网易互娱的抖音账号"我的爸爸是条龙"的短视频内容制作。

以下是童颖瑞老师的分享——《在抖音的游牧部落》。

颖斐来找我，说要我给她的书写点内容。我这两年都在做抖音，就写点对抖音的理解分享给大家吧。

我曾和朋友聊起流量这门生意，我觉得做流量的兄弟们就是草原上的游牧人，逐水草而居，在各平台不断迁徙。幸运的、强悍的团队在一个平台上做起来，便扎根下去过几天舒服日子，等几年后流量迁徙，就去下一个平台找机会。在这个过程中，团队更新换代很快，旋起旋灭，但总有新人冒出来，想要打下一片天地。当下，最肥美的草原就是抖音了，来这里找肉吃的兄弟一茬一茬，前赴后继。抖音这片草原不一样，这片草原爱"吃人"。

1. 抖音的双赢

在其他平台做流量，基本模式是通过给平台提供内容，互惠互利，即拿内容换粉丝，等稳定后再拿着攒下的粉丝变现。早期运营微博、公众号都是这个套路，只要前期舍得投成本"砸"粉丝，后期都过得很舒服。将这套打法转移到抖音的很多机构就直接掉进"坑"里了。早前觉得抖音是下一个大风口的机构蜂拥而来，想着用专业能力生产内容来丰富抖音的内容生态，指望着囤下粉丝等着将来赚钱，实践一下延迟满足。结果，风口是踩对了，但囤下的粉丝不是自己的粉丝。根据平台算法，要么加大成本提高内容质量，要么投放抖加，花钱加热内容，一旦内容跟不上抖音的节奏，对于之前积累的粉丝价值，平台会帮你直接打折打到脚踝，并鞭策你好好干活，拒绝"躺平"。

是的，在抖音的双赢，就是抖音要赢你两次，第一次赚你做的内容的钱，第二次赚你投的抖加的钱。当然，在内容好的时候，抖音还是乐意看到你赚大钱的。

2. 做抖音，好内容不会迟到

抖音在 2018 年强势崛起，对此，腾讯搞了一堆 App 围剿。当时抖音的运营团队超级强，但人力终有尽时，迟早有一天会搞不出新的内容，然后被腾讯追上，一起陷于平庸。然而三年以后，抖音的运营团队也许确实想不出新点子了，但群众的力量是无穷的。抖音用流量密码做奖赏，用算法保证公平，千金买马，不断洗牌内容创作者。内容创新到今天依然不断迭代，抖音平台生机勃勃。

对于创作者，只要内容够好，来抖音就不会迟，但你在这里得不到安全感，也容不得喘息，你的内容一出来，抄袭、模仿蜂拥而至，三个月赛道直接杀成红海，流量要突围，内容就要做升级。一个字，卷！但内容升级是建立在创作者过往认知的积累上的，对于创作者而言，要么你三个月到半年对自己做一次大的内容升级，要么就给账号换更高阶的主创。抖音超级适合还在快速成长期的年轻人，尤其是那种与人斗其乐无穷的"内容卷王"，但对中年人不友好，年纪大点的创业者更喜欢微信。抖音一日，微信一年。做抖音内容特别不容易，钱虽赚得多，但活儿难干。

3."强取"胜于"苦耕"

在抖音生态里，内容创作者是流量的生产者，平台广告、信息流、直播卖货及各种"撸羊毛"做得是流量的变现。在这个生态里，老实做内容是给平台做贡献，性价比很低。现在的内容场竞争激烈，朝不保夕。但当前互联网能看的且门槛低的赛道也就短视频和直播，所以虽然卷，但对年轻人来讲，只要花些精力、时间搏一搏，就能单车变摩托。如果疯狂往里涌，大家只能一起卷下去。

所以，聪明的人早就一头扎进抖音的流量变现里面了，毕竟是"骑着快马去打劫"。和平台一起撸内容的流量，是一件比在平台做内容划算得多的事情。

时代变化很快，内容虽推陈出新，但永远是根基，优秀的内容永远最有价值。在平台是深耕细作产内容，还是强力变现割流量，是所有要进入这个场子的人需要想清楚的。

我和童颖瑞老师一起参加过一些分享活动，被问到最多的几个问题就是：你们的 5000 万个粉丝是怎么做起来的，现在做短视频还赚不赚钱，你们做不做直播？

通过和童颖瑞老师的接触与学习，我有几点启发。

（1）好的内容永远不怕晚。

（2）IP 非常重要，同样是千万粉丝量级的账号，有 IP 与没有 IP 的广告费差了几十倍。

（3）做短视频的沉没成本是很高的，看着很风光的几个大号，其实是几十位团队成员测试了非常多的内容和账号最终冲出来的几个，做不起来的账号有很多。

（4）直播和短视频在字节跳动属于两个部门，短视频做得好不一定直播一定能做起来，只是粉丝基础好一些。

以下是我们团队的新成员周灵瑜的分享。灵瑜是个非常优秀的"小朋友"，大学期间总共有过三段实习经历，其中的亮点就是参与了"我的爸爸是条龙"抖音账号的运营，还对接了兰蔻等大品牌的商业化广告。她是一个活泼开朗、抗压能力很强、工作习惯很不错的新人。我常跟她说她比我毕业的时候优秀多了。

各位书友好，我想和大家聊的内容主要有三个部分。

1. 迎合时代的创造力

互联网的创新浪潮来势凶猛，每个身处其中的人都在乘风破浪，抓住机遇是站在风口的关键。几乎没有人能够准确预测一个热点或平台能够存活多久，但能够迎合用户的内容永远受欢迎。

我第一次接触内容运营是在大学毕业前夕。在这之前，我虽然有过许多关于新媒体运营的工作经历，但是没有独立地将一个产品从0带起来的经验。自那之后，我慢慢摸索到了平台的不同玩法，了解到搭建矩阵、数据在运营过程中的重要性，以及一个产品在生命周期的不同阶段应该如何做才能达到扩大品牌影响力的目的。随着工作经验的积累，我的任务逐渐从执行转成了独立策划。对于现阶段的需求，我会从产品本身、周围的环境及可替代性等方面去思考，给出一个闭环解决方案。

2．短视频的创作

许多人对于短视频的定位可能局限于对"平台"的认知，而不是视频的时长。虽然抖音和快手是目前常见的短视频平台，但是我们也可以将短视频投放于YouTube、哔哩哔哩这类中长视频平台，同样可以获得良好的数据表现。由于平台自身大众性的特点，作品质量参差不齐，想要在这之中博得一席之位，我们需要具备两个能力：一是对热点的敏感性，二是对时间节点的把控。

（1）对热点的敏感性。很多人问，为什么一个内容平淡无奇的视频却能获得如此漂亮的数据？爆款的内在逻辑在于对不同热点的组合、改编及创新，加之以自己的标签。坦白来说，短视频的创作者都会有意识或无意识地开发出一种"刚好就是这么做"的方法，尽管他们也不能准确地用语言表达，但恰恰是靠这种对热点的敏感性搭建出了一个又一个能够良好成长的账号。以我运营过的一个抖音账号"我的爸爸是条龙"为例，这个账号的名字就已经带着非常强的属性标签了，可以解读出"家庭""父亲"一类的关键词。加强平台对账号本身的定位，能够更好地将视频内容推向对应的观众渠道。一个平均每周两更的账号，看似频率不高，但在策划视频脚本时我们会以每天 4~5 个的节奏去创作，以便对热点进行筛选和修改，确保能够在热点的基础上进行一定的改编。

（2）对时间节点的把控。视频发布的节点取决于视频内容。一般来说，17:00 至 20:00 是一个比较好的时间节点，在发布视频半个小时左右，可配以抖加或快手粉条对视频进行推广，往往能将一条视频带入更大的流量池。发布后，通过对一条视频的数据进行分析可以获取更多关于账号定位的信息，如粉丝画像、互动趋势等。所谓数据分析的思维能力是指不能单从数据的表面出发，要将这类数据进行组合处理分析，如完播率、点赞率等具有指向性的数据，在运营过程中可以从中挖掘许多关于账户运营的知识。在运营"我的爸爸是条龙"这个账号的过程中，尽管目前平台对于数据的可视化处理非常精准和清晰，但我依然会将每日的视频数据导入单独的 Excel 中进行对比和分析。人具有依赖性，一旦依赖于平台自动化处理的数据，就会对视频的各项指标缺乏敏感性，甚至失去对视频内容方向的把握。

3. 短视频的创作曲线

对于短视频内容的创作，我简单划分为三个阶段。第一个阶段是借鉴，这是一个吸收和学习的过程，培养挖掘、发现热点的能力，在发布的过程中不断尝试，找准合适的账号定位；第二个阶段是创意，在积累了一定的素材之后，可以对原有的领域进行创新；第三个阶段是迭代，对于一个产品而言，迭代是必要的手段，短视频平台自身就在不断地进行更新。以抖音为例，其在短视频的基础上引申出了外卖、电商等服务，使得用户群体对产品能够有一个闭环的体验。做短视频也是一样的道理，我们会对"龙爸"这样一个形象有完整的设定，包括他的家庭背景、性格缺点、常用的语气词等，只有让观众对视频的内容有全面的感知，才能使视频更加深入人心。

抛开天赋，尊重创新和用户，你也可以创作出优质作品！

直播间场景搭建、脚本撰写、营销技巧

中国在线直播用户以年轻人群为主，30 岁以下的用户占近八成。

至今，在线直播已经经历了四个发展阶段。在线直播凭借实时、真实、互动的特点快速壮大，如图 5-9 所示。

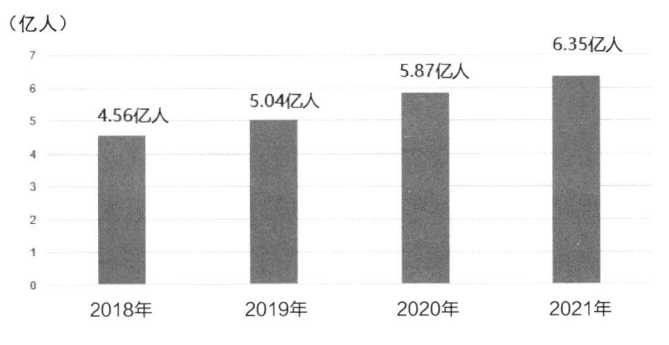

2020年中国在线直播用户规模为5.87亿人，2021年达到6.35亿人，预计将继续保持稳定增长

图 5-9 中国在线直播用户数量逐年增加

我们先来简单聊一聊这四个发展阶段。

（1）直播 1.0 阶段：聊天室模式和演唱会模式的 PC 端秀场直播，直播

内容单一。该阶段的代表是 9158 和 YY，作为秀场直播鼻祖的 9158 和后来居上的 YY 都已成功上市。

（2）直播 2.0 阶段：随着国内手游产业的爆发，出现了多个游戏直播平台，像虎牙直播、斗鱼直播都是在这个阶段崭露头角的，这也标志着直播的内容呈现垂直化趋势。

（3）直播 3.0 阶段：直播媒介从 PC 端转向移动端，移动直播平台遍地开花，上演"千播大战"，直播内容也呈多元化。

（4）直播 4.0 阶段：直播电商爆发式增长的一个阶段，有关部门对整个行业进行规范整顿，流量、主播都开始向头部平台聚拢，直播内容渗透各个领域。

下面我们来聊聊做直播需要哪些设备，以及如何搭建直播间。

➢ 以手机直播为例的设备清单

（1）抖音直播背景布置：背景布置包括背景墙、壁画、窗帘、摆件、地毯、彩灯、娃娃、挂件等的布置，可以根据个人喜好及产品需求布置，要求是干净明亮、整洁大方，也可以结合特殊的节日更换风格。

（2）直播手机一部：要求画质清晰、传输中不会压缩、长时间直播稳定性好。

（3）带声卡的麦克风：可增强手机的收音效果，减少环境噪音，也可用带麦克风的耳机代替。使用外置声卡需要兼容手机、电脑、平板，支持双设备接入，满足两个人同时直播的需求。外置声卡的调音台可以根据需要调节音量和控制话筒音量。麦克风有常规麦克风和领夹式麦克风。如果是室内固定机位，可以选择常规麦克风；如果是吃播或户外开放式直播，建议选择领夹式麦克风，更加方便。

（4）无线网络：使用无线网络进行直播可使直播更加稳定、清晰，避免出现移动网络信号干扰问题。

（5）补光灯：可使直播画面环绕光更加明显，便于展现产品细节。

（6）其他设备：如充电宝、手持云台、大屏同显器、提词器。

> 直播间装修

（1）要保证直播间隔音好、网络稳定。

（2）根据品牌/主播的风格布置直播间。简约大方、清新时尚的直播间风格适合大多数的主播。如果你做不到让直播间背景为你的直播加分，那么至少做到别让它减分。一个到处是杂物的房间会让粉丝对你的好感瞬间消失。整洁、温馨的环境极易让粉丝产生代入感，并沉浸在直播的氛围当中。

（3）在颜色选择上，直播间背景的色系也不宜过多，那样容易分散观众的注意力。纯色和浅色的背景更精简，视觉效果更宽阔；深色会给人带来视觉上的压迫感，让人感到不舒服。

（4）主播距离镜头的距离要远近适中。整个人不要离镜头太近，会让人有压迫感，但也不能太远，会有距离感。

不同规格的直播需要用到不同的设备，最简单的直播只要一部手机就可以完成，专业场次的直播则需要用到很多设备，如表5-3所示。

表 5-3　直播设备

类别	设备	要求	价格（元）
录制设备	手机	准备两部手机，使用后置摄像头	—
录制设备	外置摄像头	选择高清摄像头	600～1000
	单反相机	在条件允许的情况下，越专业越好	8000～40000

续表

类别	设备	要求	价格（元）
外接设备	电脑主机	CPU 为酷睿 i5 十代以上，显卡为 6G 以上独显，运行内存在 8G 以上	5000～7000
	显示器	2 个	1000～2000
	三脚架	相机/摄像头三脚架，手机直播可选用带光源的三脚架	100～1000
	转接线	根据电脑主机与显示器接口匹配	30
灯光	柔光灯箱	2 个	300～500
	美颜灯	1 个	200
其他辅助设备	领夹式麦克风	根据主播数量配备	150
	绿幕	根据直播需求决定是否需要绿幕	200
	声卡	根据对直播声音的需求决定是否配置	1000

下面我们聊聊直播脚本的核心要素。

（1）直播主题。

搞清楚本场直播的目的是什么，是回馈粉丝、新品上市，还是大型促销活动。明确直播的目的就是让粉丝明白，自己在这场直播里面能看到什么、能获得什么，提前勾起粉丝的兴趣。

（2）直播流程。

直播流程就是把什么时间需要做什么描述出来，将流程具体到分钟。比如，8:00 到 8:10 进行直播间的预热，8:11 开始介绍品牌。尽可能把时间规划好，并按照计划来执行。

（3）直播分工。

要对主播、助播、运营人员的动作、行为、话术做出指导，包括直播参与人员的分工，如主播负责引导观众、介绍产品、解释活动规则，助理负责现场互动、回复问题、发送优惠信息等。

（4）直播预算。

这是指单场直播的成本控制。中小卖家可能预算有限，脚本中可以提前设计好能承受的优惠券面额或赠品支出等。提前做好直播预算，避免因直播间给出太大的优惠导致直播损失。

> 单品直播脚本

单品直播脚本是指以单个商品为对象，包含商品解说、品牌介绍、功能展示等内容的脚本。一场直播会持续几小时，根据目前直播平台的算法，持续直播四小时以上才能够达到平台流量扶持的峰值。可见，当主播也是非常累的，准备入行前一定要做好心理准备。主播在直播过程中需要介绍多款产品，因此每款产品应当有一份对应的单品直播脚本，要将产品的卖点和优惠活动标注清楚，以免主播在介绍产品时手忙脚乱。

怎么写单品直播脚本？

下面我们看一个单品直播脚本模板，如图 5-10 所示。

（1）要有品牌、产品名及产品图片，让主播看到就能快速匹配要介绍的那款产品。

（2）最重要的是产品卖点，其核心卖点要用一句话形容，简洁明了，方便观众评估自己是否有需求。

（3）产品的特别之处，如这个是某某榜单 Top3 的单品、某大咖推荐过这款产品。

（4）要有产品信息，以帮助主播在直播过程中时刻都能快速联想出产品的特点。

（5）还应该有产品的价格信息，因为一般人购买东西的时候都会关注价格，所以要给出产品的原价、日常价和直播间价格，直观地表现直播间的价格优势。此外，我们还需要标注赠品有哪些，以帮助主播在必要时促使观众下单且不会超出活动预算。

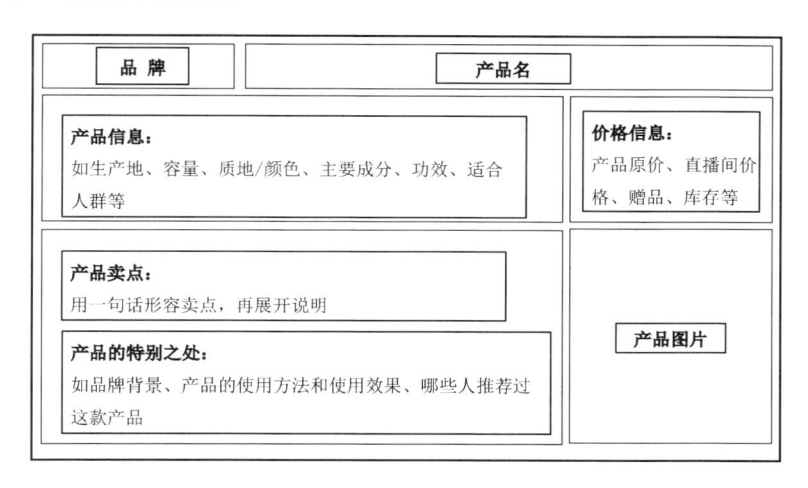

品　牌	产品名	
产品信息： 如生产地、容量、质地/颜色、主要成分、功效、适合人群等		价格信息： 产品原价、直播间价格、赠品、库存等
产品卖点： 用一句话形容卖点，再展开说明		产品图片
产品的特别之处： 如品牌背景、产品的使用方法和使用效果、哪些人推荐过这款产品		

图 5-10　单品直播脚本模板

> 整场直播脚本

整场直播脚本一般包含时间、地点、商品数量、直播主题、主播、预告文案、场控、直播流程（时间段）等要素。其中直播流程包括详细的时间节点及在该时间节点各工作人员要做的事和要说的话。参与直播的人员不仅要熟悉自己的工作职责，还要知道每个时间节点其他人需要做的工作，以便提醒其他人注意工作流程。

直播流程可以分为五个步骤。

（1）开场预热：欢迎粉丝到来，介绍自己和今天的直播主题。

（2）话题引入：根据直播主题或当前热点事件切入，活跃直播间气氛，调动粉丝情绪。

（3）产品介绍：根据单品直播脚本介绍产品，需要突出产品的核心卖点、特别之处及优惠力度。

（4）粉丝互动：直播间送福利、送礼物、抽奖、回答粉丝的问题、产品介绍等往往是穿插进行的。

（5）结束，预告：在讲解完所有产品之后，需要感谢粉丝，引导关注，预告下次的直播时间、直播主题及福利活动。

> 直播营销技巧

我们在直播带货的过程中不能一味地吹捧自己的产品，要逐步激发粉丝的购买欲望。新主播可以参考以下步骤。

（1）提出问题：结合消费场景提出消费痛点，给消费者一个购买理由，要浅浅地提出问题，不要深入讲，也不要立即引入产品，重点是引起话题和共鸣。

（2）放大问题：要全面和最大化，要把大家忽略的问题、隐患尽可能地全部放大。

（3）引入产品：以解决问题为出发点来引入产品，解决之前提出的问题，然后引入一些产品，但是这里不要详细地讲解产品，要先讲这些产品如何解决之前提到的那些问题，把好的结果、愿景展现给大家。

（4）提升高度：这一步就是详细地讲解产品，主要通过原先准备好的脚本讲解产品的核心卖点、特别之处、品牌的实力，让粉丝对这款产品产生仰视的心理态度。

（5）降低门槛：这一步可以讲解价格的优惠和渠道的优质等，突破粉丝的心理防线，制造购买的紧迫感。

（6）产品直播展示技巧：在展示商品时，要展示商品的整体设计风格和商品的细节（如设计细节、面料等），并结合使用场景、试用效果，让观众全面了解商品。

> 优惠及折扣的介绍技巧

（1）设置价格锚点。消费者其实并不是真的为商品的成本付费，而是为商品的价值感付费。

（2）限量、限地、限时。

限量，如优惠数量有限，只有 100 个。

限地，如只限在直播间有这个价格。

限时，如到点涨价，倒数 10 个数，限量抢购。一定要告诉粉丝，只有这个时间是这个价格，时间到了就恢复原价。制造一种紧迫感，让粉丝马上下单。

（3）重复提醒。不断强调直播间的价格优势，反复用倒计时的方式督促粉丝马上下单，营造时间紧迫，再不买就没了/亏了的抢购氛围。

（4）紧急补货。在一款产品限量、限地、限时优惠的情况下，限制上架产品的数量，紧接着再进行补货，给粉丝营造出紧张、刺激的抢购氛围。

直播团队的人员配置

智联招聘发布的《2020 年春季直播产业人才报告》显示，2020 年春节后直播行业平均薪酬如图 5-11 所示。作为用户，我们往往只看到某头部主播收入可观，但也不是人人都可以暴富的，实际上两极分化很严重，头部主播确实收入可观，但大部分新人还是很辛苦。

岗位	薪酬
直播产品开发	26076
直播教师	11883
视频主播/艺人	10188
直播商务BD	9406
语音/音频主播	9234
主播经纪人	8725
直播运营	8569
直播销售	8345
直播助理	6346
直播客服	5977

图 5-11　2020 年春节后直播行业平均薪酬

主播的收入由以下几个部分组成。

签约底薪：公司会根据签约主播每月直播的时长、粉丝增加的数量、直播间的火爆程度、粉丝打赏量为主播发放工资。

礼物打赏：无论什么直播平台都有礼物打赏功能，粉丝可在平台购买虚拟物品打赏主播，礼物打赏的收入也是主播的收入。

广告：包含直播间广告和网站广告，通过滤镜、礼品、挂件、口播、背景等形式接入广告。

直播带货：直播销售商品会获得相应的佣金分成，比较火的直播间也会收取一定的坑位费。

从企业招聘主播岗位需求的具体细分领域来看，侧重卖货的互联网/电子商务平台招聘的主播岗位数量在所有主播岗位中占三分之一，占比最高。

很多时候，我们会神化某主播，但是我在拜访了杭州十几家 MCN 机构后，得到了一个答案：没有完美的个人，只有配合完美的团队。在团队分工上，主播更像演员，幕后还有很多工作人员。在人员配置上，不同的团队会有所不同，像京东和淘宝的常规店播，只需要一个主播就足够了。比较专业的直播团队的人员配置要求会比较高，一般配有主播、助播、运营、场控、投手、客服等。

（1）主播负责直播间日常人设搭建、直播及短视频拍摄，能够与直播间粉丝互动，活跃直播气氛，维护频道秩序，有较好的控场能力，能即兴发挥，提高粉丝的活跃度，引导关注直播间，也能应对提问，给粉丝提供专业建议，促使粉丝购买。

（2）助播主要配合主播进行直播，很多助播是品牌方负责配合讲解专业知识的。助播需要对产品非常熟悉，能够解答直播间粉丝提出的专业问题，并且协助主播展示产品优点。

（3）运营负责直播间活动策划、直播脚本策划、直播中控台的上下架等；根据流行趋势、热门话题、节日等安排直播主题，并对相关数据进行分析；对竞争对手的数据进行评估与分析，优化整体的营销策略。

（4）场控负责配合主播引导直播间成交，在主播轮班时保证画面中始终有人，负责主播直播产品的讲解策略、节奏把控，并把控主播的直播状态。

（5）投手负责直播业务的竞价和客户流量运营，制定直播投放策略和方案，配合直播实时优化广告方案等，对投放效果进行数据跟踪及效果分析，并优化解决方案，对最终投产比负责。

不同规模的直播的配置也不同，如图 5-12 所示。

```
6小时场
直播间面积：10平方米
直播时长：6小时
人员配置：5人
运营*1、场控*1
投手*1、普通主播*2
运营费用：15万元/月

10小时场
直播间面积：25平方米
直播时长：10小时
人员配置：11人
运营*1、场控*1、中控*1、投手*2、
高级主播*3、摄像*1、剪辑*1、文案*1
运营费用：25万元/月

20小时场
直播间面积：40平方米以上
直播时长：20小时
人员配置：20人
运营*1、场控*3、中控*3、投手*3、
高级主播*5、摄像*1、剪辑*2、文案*2
运营费用：35万元/月
```

图 5-12　三种规模的直播配置

6 小时场电商直播团队人员配置如下。

直播间面积：10 平方米。

直播时长：6 小时。

人员配置：5 人。

运营（1 人）、场控（1 人）、投手（1 人）、普通主播（2 人）。

运营费用：15 万元/月。

10 小时场电商直播团队人员配置如下。

直播间面积：25 平方米。

直播时长：10 小时。

人员配置：11 人。

运营（1 人）、场控（1 人）、中控（1 人）、投手（2 人）、高级主播（3 人）、摄像（1 人）、剪辑（1 人）、文案（1 人）。

运营费用：25 万元/月。

20 小时场电商直播团队人员配置如下。

直播间面积：40 平方米以上。

直播时长：20 小时。

人员配置：20 人。

运营（1 人）、场控（3 人）、中控（3 人）、投手（3 人）、高级主播（5 人）、摄像（1 人）、剪辑（2 人）、文案（2 人）。

运营费用：35 万元/月。

每个人都很重要，要配合好。在每场活动后都要马上复盘，这是非常重要的。复盘主要是关注重点数据，包括一场直播的在线人数、GMV、客单价等。除此之外，这场直播是否有说违禁词或中途主播离开画面导致中断的情况，上产品的节奏是否合适，运营有没有及时上架产品，库存够不够，投手的进量控制得怎么样等都需要关注。团队需要回顾目标的达成情况，分析原因，总结规律，这样才能配合得越来越好。

供应链与选品策略

不管技术与商业模式如何变，零售的基本要素离不开"人、货、场"，如图 5-13 所示。在传统行业中，"人"包括目标客层、销售人；"货"包括自有品牌的产品和服务；"场"指城市、商圈、门店。在互联网行业，围绕三要素有了新的思考："人"，如何吸引目标用户（短视频、直播用户）和聚拢用户，如何进行商家合作管理；"货"，商品从哪里来，怎么发货，

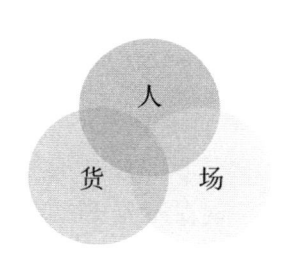

图 5-13 零售的三要素

仓储物流如何，如何管理库存；"场"，如何进行网络规划，如何降低成本（商家、平台补贴），如何提高效率。

下面我们聊聊选品和供应链，在流量和模式差不多的情况下，拼得还是供应链。

供应链指在生产及流通过程中，涉及将产品或服务提供给最终用户活动的上游与下游企业所形成的网链结构。

纸巾的供应链环节如图 5-14 所示，有生产商、制造商、批发商、物流公司、服务商、分销商、仓储、财务等环节。供应链直接或间接地由消费者的需求组成。全球供应链论坛将供应链管理定义为"为消费者带来有价值的产品、服务及信息，从供应商到消费者的集成业务流程"。所以，我们不要总是把"带货""开网店"想得很简单。一家企业不会仅和一家企业有业务往来，一个企业可以是多个供应链的参与者。供应链可以分为内部供应链和外部供应链。

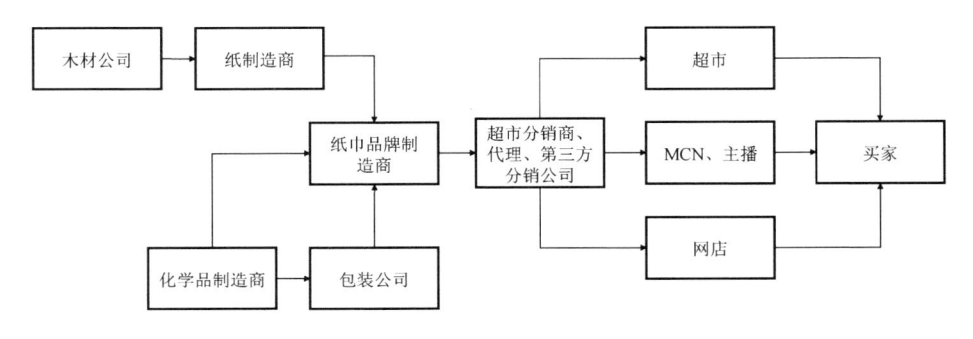

图 5-14 纸巾的供应链环节

现在还有一种有意思的电商模式：M2C（Manufacturers to Customers，生产厂家对消费者）。比如，一个五星级酒店的枕头，商场要卖 500 元，你可以到平台去下单一个同款但没有 Logo 的枕头，只要 200 元，不过你需要等半个月左右。这样，操作平台就可以通过大量用户解决订量的问题，用户只是需要多等一些时间就可以用非常低的价格买到品质不错的产品。

提到产品和供应链，就少不了飞轮效应，如图 5-15 所示。飞轮效应是亚马逊前 CEO 贝佐斯早期提出的一个商业理论，通俗的解读是：一个公司的各个业务模块之间会有机地相互推动，就像相互咬合的齿轮一样。不过齿轮从静止到转动起来需要花费比较大的力气，但是每一圈的努力都不会白费，一旦有一个齿轮转动起来，所有齿轮就会跟着飞速转动。

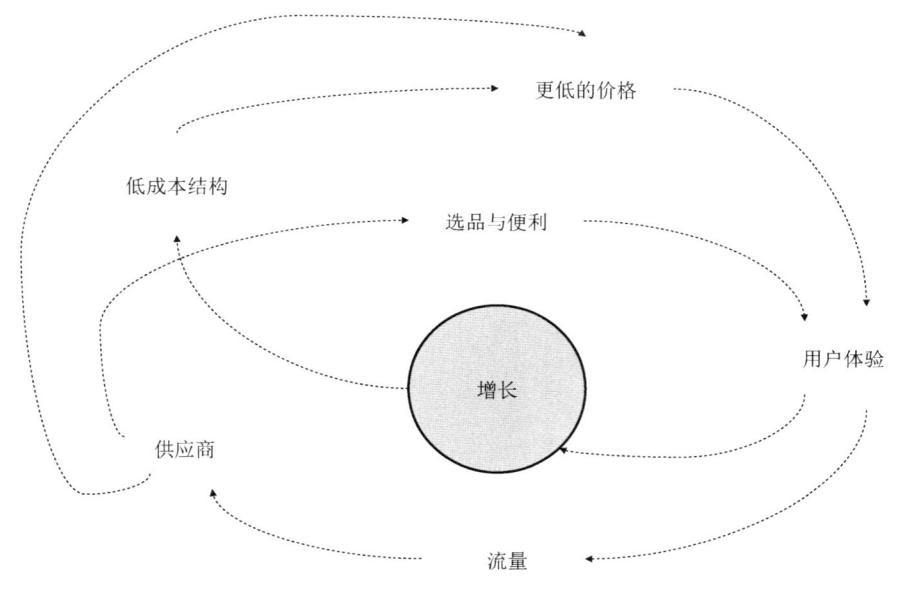

图 5-15　飞轮效应

直播带货也是一样的，头部主播的短视频账号粉丝越多，直播间的人越多，下单越多，就越能争取到优惠的价格，而价格低了，用户下单就更多了，这样就形成一个良性循环。到最后，部分品牌甚至愿意贴钱来做直播，因为品牌的出发点不是盈利，而是广告。花 100 万元打广告，不如补贴 50 万元让大主播带货，这样一下子就把知名度提高了，后续会有其他中小主播来主动要求合作，赚得是长尾流量的钱。甚至还有很夸张的对赌玩法，某品牌以非常低的价格签给某 MCN 机构做直播带货，设定一个目标，完成后就给对方几千万元的费用，做不到的话就没有。业内有句玩笑话：一个大主播+N个短视频+N个小红书素人=一个品牌的崛起。但是，如果没有强大的供应链就等于零。

影响供应链的因素主要有产品供应情况（生产周期）、需求管理（销售量的预估）、库存与周转天数（物流的成本和运输时间）、售后等。

供应链是一个水很深的行业，我只是因为业务往来和业内有十几年经验的前辈有过一些交流，只是了解点皮毛，不敢深聊，只能简单分享一些我知道的东西。

针对个人创业，我有以下几个建议。

（1）直接找对量的要求不高的品牌签分销、代理合同。

（2）直接找供应链公司签合同，有些品牌的库存有时候会以极低的折扣清给供应链公司。

（3）找自动结算佣金一键分销平台。

爆款产品不仅是产品本身，更是供应链协同。爆品供应链是一种逻辑思维，是一种协同体系。简单来讲，爆款产品要有配套的供应链。

我们在选品的时候可以考虑以下几个维度。

（1）市场潜力：要考虑产品目前的市场存量，以及它的市场潜力。现存的市场可以分为蓝海市场和红海市场。

（2）用户需求：要考虑产品的目标用户，以及这类用户的共性和个性。

（3）流行趋势：可以考虑热点、节日。

（4）价格优势：要考虑与竞品相比是否存在价格优势，以及该产品的利润空间如何。

（5）产品质量：要考虑产品的品质和质量能否达到用户的预期。

我们可以按以下几个方向给产品分类。

（1）按照产品的形态，可分为实物产品和虚拟产品。

（2）按照用户的需求，可分为刚需产品、非刚需产品。

（3）按照产品的实质，可分为核心产品、外围产品、附加产品。

（4）按照营销的策略，可分为引流款、爆款、利润款。

引流款就是低价产品，主要是为了吸引流量，一般不赚钱，甚至需要贴钱。爆款则是销量高的产品，会带来大量订单。除了引流款和爆款，剩下的基本都是利润款，一般成本较低、利润较大。

新人、新号如何选品呢？

（1）要明确自己账号粉丝的用户画像，注意年龄与消费层级是否匹配、用户是否对匹配的产品感兴趣，还要明确主打的爆款是什么，并选择合适的供应商与品牌（要考虑价格、质量、售后、账期、合约条件等）。

（2）拿到样品，首先检查是否有质量问题，有没有相关的质检报告，然后可以到该产品的官方店铺看一下销量和评价，也可以去小红书搜索笔记看看推荐情况，还可以做一下竞对分析。另外，也要注意价格，如果不能做到价格低就没有什么意义了，很可能流单（在你这里看到了，跑到其他地方下单了），至少要做到在某个时段最低或同样低，或者赠品更多。

（3）一定要重视用户的信任。如果你的账号是一个知识分享号，那么你去卖化妆品就很奇怪，会让用户觉得你有点不负责任，而推荐书籍、网课就比较合适了。如果你是一个美妆博主，那么推荐化妆品就非常合适，用户会觉得你在做测评、做好物分享，会感谢你。推荐产品的质量一定要过关，即便有问题也要有相应的售后方案。我采访过某MCN机构的负责人，问其直播行业的"红线"是什么，答曰"卖假货"。不管是不是你的问题，只要在你这里买到了假货，你就失去用户的信任了。互联网是有记忆的，这件事情会反复地被提起，其他品牌也会不想和你合作了。

我们常说培养用户的忠诚度，那么换一个角度来讲，我们也应该真诚、负责。因此，选品一定要谨慎，供应链一定要找靠谱的！

苏宁前电商专家乡谣、天猫前电商专家达志的分享

我大学本科的专业是电子商务，我是2010年入学的，在大学期间我参加了一个比赛，拿到了电子商务师资格证——这本证书在10年后给我的业务提供了关键性的帮助。

此外，我在大四的时候参加了一次学校安排的实习，被分配到了一家电商客服外包公司，除了负责10家天猫店的客服工作，还负责一个"双11"的客服带队和培训项目。有时候你网购问一些问题，客服也答不上来，你可能是遇到像我这样刚上手的实习生了，并不是所有品牌网店的客服都是自己的员工。因为"双11"我们每个旺旺号的聊天窗口都是"99+"的未读消息，所以我们会准备好一个Q&A话术，并设计好快捷回复健，一轮一轮地进行回复，不然一直盯着一位客户解答，会无法顾及其他的客户。我记得我们200多人的学生团队"双11"参与了一个大项目，之后光售后就处理了近两个月。

像我这样的学生做淘宝店是没有多少钱进货的，所以一般就找一件代发

的渠道。

早期常见的做电商的渠道有以下几种。

（1）直接成立代理公司，把天猫、京东官方网店的运营权签下来。女生常买护肤品的很多官方网店的营业执照并不是品牌的营业执照，而是代运营公司的。

（2）个人开淘宝店，去阿里巴巴上批发、代发。

（3）找工厂下单。

（4）开服装类的网店的可以去杭州四季青服装市场拿货。

到了现在的直播带货时期，主播有了粉丝以后，品牌方就会主动找来合作，或是品牌方直接找 MCN 机构及供应链公司。

我运营过 3 家淘宝店。第一家是服装店，直接去杭州四季青服装市场拿货，一件代发。第二家是茶叶店，只卖西湖龙井和九曲红梅，找种茶的同乡拿货，再到西湖茶叶市场买包装盒。这两家店我都运营到了 5 颗爱心。第三家是蜂蜜店，和同学合作卖新西兰的蜂蜜。当时有一位在新西兰留学的同学可以直接到工厂拿货。商场卖 700 元的蜂蜜，我们的拿货价才 300 元，商场卖 500 元的蜂蜜，我们的拿货价才 140 元。这家店运营了几个月就做到了 1 颗钻石，因为我当时要大学毕业找工作了，就没有精力继续参与了。

前几年赚钱是很轻松的，只要关键词做得好，流量自然就会进店，每天都会有成交。到后来，即使花钱做推广和曝光也很难了，赚到的钱和投入的钱差不多，如果自己再没有好的供应链，就等于给平台打工，这就不如放弃了。与打工不同，创业可是每天都在花钱，GMV 可不是利润。

做电商，我们需要弄清以下几个"利润"。

- 营业利润=营业收入-营业成本-期间费用-税。

- 毛利润=销售额-产品成本。
- 净利润=毛利润-不可直接分配的成本。

假设电商毛利率是 30%（很高了）-物流成本 10%-退货成本 2%-营业成本 10%-包装 1%=7%，那么卖 100 元的东西可能最后只赚 7 元，月入 100000 万元，最后也就赚 7000 元，还不算退货、恶意差评、投诉、资金紧张这些糟心事。大品牌、自营平台是可以这样做的，小的个人店，很难这样操作。在负责考拉图书电商用户增长的时候，我借助一个叫"赚客"的分销系统，通过社群和用户分层来做一些裂变拉新，配合负责站内运营的同事一起有节奏地报活动。在做平台电商期间，我的感觉就是无穷无尽的活动、选品和商家。后来，当我负责的文创和教学用具涉及电商时，我更倾向于选择一件代发或找供应链公司，因为电商实在太"重"了，人太少是做不起来的。

我采访了两位电商行业的专家——乡谣和达志老师，他们会从更高的高度跟大家分享一些从业经验。

乡谣是我在做考拉图书电商时的同事，曾是京东家电类目运营、苏宁采购管理部部长，现在是网易 LOFTER 的电商运营。乡谣跟我分享了电商的主流平台和电商运营的六要素。

按照交易主体的不同，电商平台的主要模式有 B2C、C2C、B2B 和 O2O。

（1）B2C 即企业与消费者之间的电子商务模式。其表现形式就是零售类的电商平台。比如，你在京东上买了一台京东自营的电视机，电视机这个商品本身，以及后续物流配送、售后服务都是京东提供给你的，这是发生在京东这家企业和你个人之间的一笔交易。比较有代表性的 B2C 电商平台有京东、天猫、苏宁易购等。

（2）C2C 即个人与个人之间的电子商务模式。典型代表是早期的淘宝。我有一个朋友喜欢制作手工饰品，于是在淘宝上开了一家店，专门卖自己做的发卡、头花之类的小东西。我在她的店里下了一单——交易发生在我和她两个"个人"之间，这就是典型的 C2C 模式。

（3）B2B 即企业与企业之间的电子商务模式。这种模式在大家的日常生活中不太常见。这类电商平台主要做商品的批发或分销，是工厂和大买家的交易纽带。典型代表像阿里巴巴旗下的 1688，以及专注于外贸行业的敦煌网等。

（4）O2O 即线上与线下深度融合的模式。它为各种服务业实体店开辟了线上营销通道，实现了线上购买、线下消费。比如，你打算周末去理发店剪头发，周五的时候先在美团上预约发型师，并团一张洗剪吹套餐券，然后周末去店里消费，这就是 O2O 模式。典型的代表企业有美团、口碑、滴滴出行等。

以上是按照不同交易主体来分类的。

电商运营的六要素分别是商品、价格、营销、服务、流量和用户。要注意六要素不是独立、割裂开来的，而是你中有我、我中有你，相辅相成的关系。

第一个要素是商品。这是电商运营的起点和基础，是核心要素。在商品的选择上，首先要适销对路，品类规划精准，这主要是指与用户的需求相匹配。如果你的主流用户群体是母婴人群，那么卖母婴用品、玩具、女装、童装要比卖 3C 数码类商品更合适。如果你的主流用户群体是学生，那么卖图书、文具、潮玩可能比较合适。其次要保证商品质量过硬，不能以次充好。最后要保证有强大的供应链，选择靠谱的供应商，注意爆款商品的库存。

第二个要素是价格。这主要是指要关注商品的性价比。买东西追求物美价廉，这点永远不会过时。同样质量的商品，哪个商品有价格优势，哪个商品就能赢得消费者。

另外，还要关注客单价。如果你的客单价是 100 元，而你卖的商品大部分都在 200 元以上，那就明显超出了用户的消费能力，往往会卖得不好。

第三个要素是营销。这主要包括有节奏地规划线上营销活动，充分利用秒杀、满减、直降等促销工具，通过社群、直播等手段沉淀私域流量等。

第四个要素是服务。这里的服务包括售前、售中、售后。售前咨询、商品的页面呈现都要做好，这样用户才会产生购买兴趣。

支付流程要便捷、安全，发货要及时，包装要完好，物流配送要快速、准确。此外，售后的用户评价跟踪、退换货等服务也不能忽视。

第五个要素是流量。前面的四个要素讲的都是用户来了以后怎样承接的问题，更多的是与提高转化率有关的。那么，用户从哪里来呢？这就要关注流量来源问题了。以京东品类运营为例，如果你在京东运营一个家电品类，那么你的流量来源大概包括搜索、分类页、主站活动页坑位、各种首页栏目坑位、首页焦点图活动，以及家电二级页、三级页、四级页自然流量等。你需要对各流量入口能带来多少用户、转化率分别有多少心中有数，努力拓展流量，同时做好前面讲的四个要素来提高转化率。如果你是小商家，流量来源有限，广告预算也比较少，无法买大量流量，那么运营自己的私域流量也是不错的选择。

第六个要素是用户。这主要是指定位用户人群，了解用户。比如，用户是一群什么样的人？分布在哪些地域？是什么年龄段的人？收入水平怎么样？受教育水平怎么样？平时有哪些兴趣爱好？只有了解用户，才能匹配需求，把最适合他们的推荐给他们。之前我看到过一句话，特别赞同：不要把用户当成韭菜，要把他们当成活生生的人。

达志老师是天猫前图书类目资深运营、当当网前招商高级总监，现在是网易 LOFTER 电商负责人。

以下是达志老师分享的自营电商与平台电商的区别。

（1）自营电商。

玩法：自己组织资源，外生性决策，依靠人工做信息桥梁，买进卖出。

特点：调动自身资源去满足用户的一切需求，如建仓、建客服、拍照作图，以平台决策主动干预为主，遇事找人，靠人来解决，核心是进销差。

优势：利益不外流，用户体验有保证，投入与产出成正比。

劣势：资源有限，天花板明显，无法一直投入。

（2）平台电商。

玩法：引入多个角色，内生性决策，依靠系统做信息载体，赋能商家。

特点：引进合作方或资源方，主动干预少，算法、市场制度、规则较多，遇事找机器、找系统，赋能商家是核心，关注重点是平台内的新角色、新动向、新势力。

优势：借助市场力量做大，天花板不明显。

劣势：服务不可控，考验机制。

自营电商更应该关注进销率、毛利率、库存周转天数和 GMV，平台电商更应该关注商家的运营、商家的活跃度、新商家的数量，以及商品的时效和丰富性。

做电商运营要平衡商业价值和用户体验，商家运营需要掌握分层、激励机制、任务体系、成长体系；类目运营需要了解市场占比、大盘占比和行业机会点的发展；活动运营需要掌握组织、策划的方法，找到利益点，把控主题和节奏，还要会争取资源，对视觉有感知；商品运营需要会盘货、争取价格，掌握福利、赠品、限时特惠价的设置。

自营电商和平台电商不是必然选择，只有客户价值才是必然选择。不同的战略阶段、不同的资源能力禀赋对两者的选择和转换协同有着直接的影响。

我们三个人分别从三种不同的维度分享了自己的经验，希望可以帮到电商新人。

下篇

运营实战案例拆解

我第一次做社群活动，建了 1 个 70 人的群，卖了 3 本书；第一次合作社群活动，一口气"搞垮"了 17 个群（据不完全统计我已经累计"搞垮"1000 多个群了），只成交了 10 本书；第一次去线下百人大会做分享，建了 1 个百人种子用户群，裂变了 83 个群，10000 多个用户；第一次在线上做公开课有 500 多人付费，第二次有 1380 人付费；第一次做线下百人读书会活动，因为没有招生经验，紧张得好几天睡不着，后来读书会现场 170 个座位都坐不下了；第一次做企业家私董读书会非常失败，转化后续高客单价产品一单都没卖出去，后来每个月都有客单价过万元的研学产品。其实要说焦虑，每场活动筹备期，尤其在做招募和转化的准备时，我都是无比焦虑的。第一场线下活动前一周我都是凌晨三四点睡的，一边准备物料，一边反复想某个环节的流程有没有问题、要不要优化。做企业家私董读书会前一晚我刚从外地做线下活动回来，连夜赶主持稿到凌晨。怕不怕？真的怕，怕活动策划得不好，没人来；怕效果不好，用户体验差；怕宣讲做得不好，转化不理想。但是做得次数多了，就有经验了——有方法可以拆解目标、有团队可以一起配合、有公式可以倒推和验证。

做运营的初期是很孤独的，你要忍耐成长的阵痛期，突破一个又一个瓶颈，学会面对无法预测结果的活动。但是在做了读书会以后，我觉得压力没有那么大了，因为是一群人在共同努力。每当遇到困难的时候，我都会打电话和用户一起讨论；每当在一些想法上遇到瓶颈时，我会和书友一起在群里交流。我们都开始变得勇敢，互相帮助，很多人都踏出了第一步，做了很多以前没有做过的事情。

第六章

线上活动案例拆解

公众号裂变：图书+线上课 0 成本涨粉 5000 个

其实我做图书电商用户增长运营算是跨行了，我之前做主要负责公众号内容选题、文章撰写，考评的指标是阅读打开率、公众号用户量、CPS（有效线索）及一些公开课的内容、活动策划。转岗前，我并不擅长运营社群，只是偶有接触。转岗后，我的 KPI 是社群、公众号的用户增长及图书销售。

提到社群、图书销售，我第一时间就思考可以找谁来合作完成这件事。我找到了原来做少儿编程的同事来合作裂变赠书活动。活动海报如图 6-1 所示。

如何做这个活动呢？

（1）我提供有版权的电子书，将其导流到对方的公众号上。

（2）邀请 3 位好友扫码关注公众号即可获取电子书，邀请 3+N 位好友扫码关注公众号即可获取纸质书。

图 6-1　活动海报

其中，完成任务需要送的纸质书由对方部门向我方采购。活动流程如图 6-2 所示。

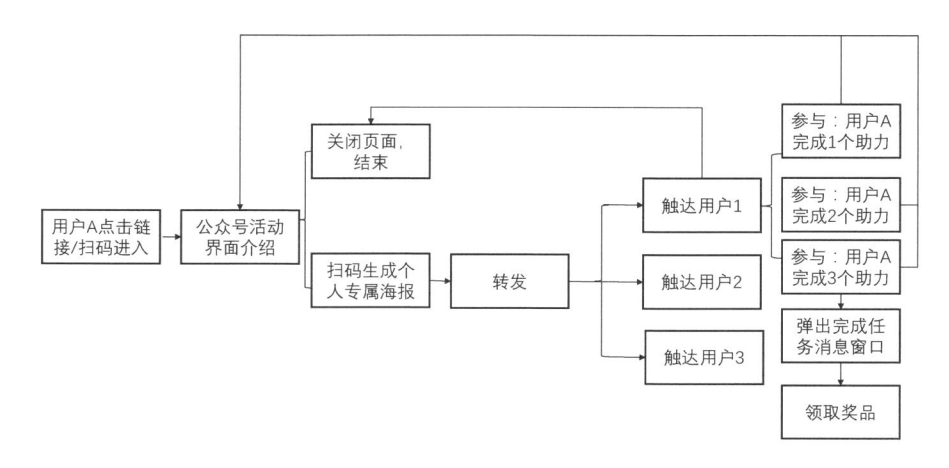

图 6-2　活动流程示意图

我在部门的公众号和社群进行了买编程课送编程书的宣传，同事也在她所在部门的公众号进行了买编程课送编程书的宣传，同时我们又打包了这个活动，在考拉和严选平台进行了宣传，还联动分销团队进行了推广。我们用了一周的时间就把这个单品做爆了——这本书卖了上万册，两个部门的KPI同时完成了。在同事的支持下，我有了第一笔采购大订单。

这类裂变活动都是有裂变的工具可以使用的，我所使用的裂变工具如图6-3所示。我可以根据后台的要求上传一张海报，其中头像、昵称、二维码的位置是可以选择的。二维码是一个活码。比如，A扫码就可以生成带A的头像和可追踪来源的链接的海报，A转发这个海报给B，B完成扫码关注公众号后就可以助力A完成一个邀请的任务，且可以生成带B的头像和可追踪来源的链接的海报。

图6-3 裂变工具示例

我还可以设置用户标签等内容，如图 6-4 所示。我可以标注通过这个活动关注公众号的用户的来源，这样就可以统计活动的最后参与情况、拉新情况、留存情况等，如图 6-5 所示。

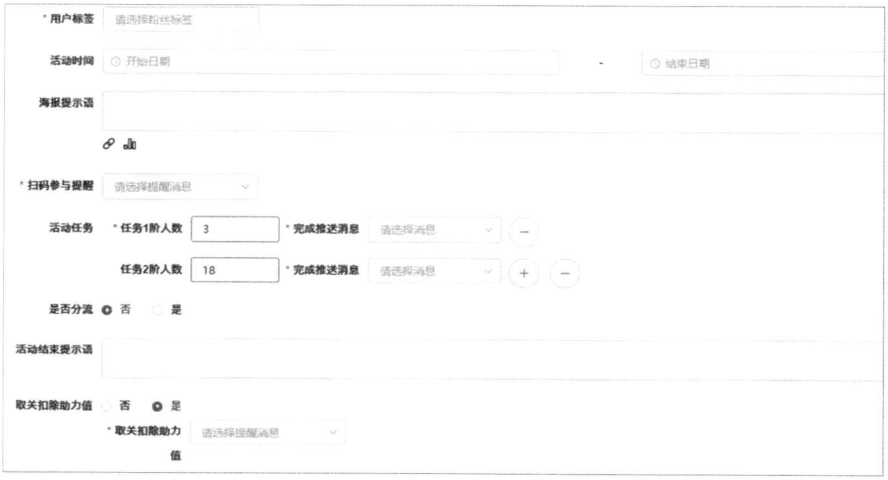

图 6-4　设置用户标签等内容

更新时间	活动扫码人数	参与分享人数	一阶完成人数	二阶完成人数	三阶完成人数	活动拉新人数	活动取关人数	活动净增人数	参与率	完成率	裂变率
累计	1675	113	90	34	0	1627	439	1188	6.75%	30.09%	1482.30%
2021-10-26 10:16:43	1	0	0	0	0	0	3	-3	0.00%	0.00%	0.00%
2019-05-15 23:59:59	1	0	0	0	0	1	4	-3	0.00%	0.00%	0.00%
2019-05-08 23:59:59	1	0	0	0	0	1	1	0	0.00%	0.00%	0.00%
2019-05-01 23:59:59	1	0	0	0	0	1	1	0	0.00%	0.00%	0.00%
2019-04-30 23:59:59	1	0	0	0	0	1	2	-1	0.00%	0.00%	0.00%
2019-04-27 23:59:59	2	0	0	0	0	1	2	-1	0.00%	0.00%	0.00%
2019-04-24 23:59:59	2	0	0	0	0	2	19	-17	0.00%	0.00%	0.00%
2019-04-23 23:59:59	5	0	0	0	0	4	3	1	0.00%	0.00%	0.00%
2019-04-22 23:59:59	4	0	0	0	0	3	0	3	0.00%	0.00%	0.00%
2019-04-21 23:59:59	3	0	0	0	0	2	35	-33	0.00%	0.00%	0.00%
2019-04-20 23:59:59	1	0	0	0	0	1	1	0	0.00%	0.00%	0.00%
2019-04-19 23:59:59	45	1	4	0	0	44	14	30	2.22%	0.00%	4500.00%
2019-04-18 23:59:59	1068	86	79	20	0	1043	253	790	8.05%	23.26%	1241.86%
2019-04-17 23:59:59	540	26	20	13	0	523	101	422	4.81%	50.00%	2076.92%

图 6-5　统计活动情况

活动任务可以设置 1 阶和 2 阶。比如，邀请 3 个好友，公众号就会推送一个消息模板；邀请 18 个好友，公众号就会推送另一个消息模板。这样不仅可以避免人工统计的遗漏，还可以设置好友取关以扣除助力值。

裂变活动的基本裂变期就是前 2~3 天。在这个时间段内，有些用户会取关，如果取关的人数过多，就说明活动的设计有问题，吸引的都是"羊毛党"——过来领一下福利就走了，并不是真正对内容感兴趣的用户。

海报是裂变活动的重要载体。海报的标题要引起用户注意，击中用户痛点，让用户看到结果。海报的内容要有权威性（如嘉宾的头衔、数据等），要让用户有紧迫感（如限时、限名额等）。

这类裂变活动适合有一定基础量用户的公众号，因为这类公众号可以用比较低的成本预算做老带新活动。如果是新号，就比较难了，因为新号能触达的用户不多。裂变的福利可以是书，也可以是课，一方面要控制成本，另一方面要看这个福利"钩子"能不能打动用户。"钩子"设置是一场裂变活动成功的前提，只要"钩子"有足够的吸引力，用户就有充分的动力参与。我们一定要考虑到用户相关性。

理财知识付费案例：30%转化率的 1 元理财体验营

我们公司有一位非常厉害的理财投资师，他有十几年的股票、基金投资经验，还做了一个产品叫"网易有钱"。

"网易有钱"团队的小伙伴找到我，希望可以合作，帮忙推广他们的课程。

我们的用户大部分是大学生和初入职场的白领，消费能力不是很强，所以小伙伴建议推广 1 元理财体验营,让用户进行体验。体验课有 8 天:第 1 天是班会,介绍课程模式和老师;第 2~6 天分享基金、股票、国债逆回购,以及资产配置等专业内容;第 7 天复习;第 8 天是毕业典礼,最后会推荐几百到几千元不等的高阶课程。这样可以做一个筛选,免费的课程很容易吸引不珍惜课程的人,而 1 元理财体验营就可以筛掉这部分人。

体验课有教用户"打新"的内容。新债就是申购上市公司的可转债(在一定条件下可转化成股票,也可以作为债券持有至到期),可转债的盈利方式主要有股票和债券。方法也很简单,用户只要有股票账户就可以申购可转债,中签后充值就可以,一般中 2~3 签就算运气很好了,申购后一般 2~3 周公司就会上市了,上市第 1 天就可以卖出了,当然也是有风险的——如果上市当天破发了,就亏损了,用户也可以在发行后 6 个月将可转债转换成股票或持有至到期。比如,有人在半年里总共参与申购 63 次,中签 40 次,其中 2 次是亏钱的,亏了 53 元,最多的一次赚了 260 元,总共赚了 3200 元。有的同学在上课过程中就能赚到钱,因此就愿意去报后面的高阶课程。

1 元理财体验营的收入部分都会给我们,后续的高阶课程还会给我们一些分成。采用这种合作形式,对方不会有广告费的损失。对我们而言,只要用户匹配,我们的收入也很可观。双方先沟通了可以推广的资源位,如公众号文章、App 的 Banner 位等,再由对方团队提供相应的素材,我们经过调整和审核进行配置推广。第 1 期效果非常不错,有 300 多位用户报了 1 元理财体验营。在活动过程中,社群每天都有预告、小测试、答疑,还引导用户提问、实操,并邀请了往期的优秀学员进行"加餐"。最后一天,用户进行了接龙团购,报名满一定人数,我们就额外送福利。最后这个群的转化率有 30%多,效果还是很不错的,而且用户体验也做得很好,用户表示收获满满。活动中非常重要的一个环节是推广素材,因为我们的素材和往期一样,效果不是很好,于是紧急做了更新,之后点击率就提高了很多。比如,学生党对

"薅羊毛、打新、大学生生活费"这些词很感兴趣,上班族对"资产配置、被动收入、理财"这些词很感兴趣。同一个课程,宣传不同,效果有很大差别。

理财不是投资,而是打理自己的财富,如怎么存钱、怎么花钱、怎么培养投资意识。

我们要避免一些消费误区,如超前消费、主次不分(刚接触理财就炒股)、财富观念过于激进等。财富是长期努力的结果,新人要想办法理解复利,要循序渐进。

我们可以给自己制定长期和短期的目标,如买房、买车、旅行、换手机,根据实际情况,从收入和支出两个维度来制订计划,等有了一定的基础再来进行资产配置。

很多中了彩票的人最后过得不是那么好,或欠债,或投资亏了。靠运气得到的钱,也会靠实力亏掉,所以早点学习一些理财知识也是很重要的。

我和大家分享一下自己的财富管理方式。其中,有一种方法叫3个钱包。

(1)强制储蓄钱包(保证有3~6个月的生活费):将每月工资的20%~30%,以及奖金、其他收入(讲师劳务费、稿费等)的50%存入这个银行卡。

(2)工资卡:用于日常开销,每月剩余部分转到投资钱包里。

(3)投资钱包:用于个人提升(考证、培训、健身、社交、人情),以及购买黄金、股票等。

除了备用金部分的储蓄,其他的钱可以灵活投资或储蓄。

我从月入3000元起就一直保持强制储蓄的习惯,不过那个时候收入太少了,所以我并没有选择理财,而是攒起来,投资到自己身上。当有了一点积蓄后我才开始考虑买基金及房产等。

公开课案例：读书会付费公开课、PPT 免费公开课

公开课包括付费公开课和免费公开课，这里先分享一个分销门票形式的付费公开课的案例。

1. 活动介绍

> 活动场景

联动读书会会长，赋能会长打造个人 IP，扩大影响力，推广参与裂变会长的名片与主题读书群，带感兴趣的朋友一起实操裂变。

> 活动目标

裂变 1000 个以上付费用户。

2. 活动时间

（1）10 月 17 日建核心种子群，邀请会长及裂变核心成员入群。

（2）10 月 18 日—10 月 21 日裂变，10 月 21 日建 9.9 元公开课群。

（3）10 月 22 日—10 月 24 日公开课分享。

（4）10 月 25 日推广产品。

（5）10 月 26 日解散活动群。

3. 奖励规则

10 月 24 日 20:00 统计获奖情况。

➢ 会长特权

（1）参与方式 1：作为主分享嘉宾参与主题分享。

报名条件：完成 30 人以上的裂变任务。

（2）参与方式 2：不参与主题分享，在社群活动结束前，主持人推广个人联系方式。

报名条件：完成 10 人以上的裂变任务。

特权：会长免费进群，每个会长有 20 个内部名额——邀请核心用户付 1 元进核心裂变群。活动结束后，群成员可在群内获取本次裂变活动的方案拆解。

（3）参与方式 3：不参与分享与裂变环节，1 元进群。

会长内部活动于 10 月 17 日 10:00 开始，于 10 月 18 日 10:00 结束，结束后门票恢复至每张 9.9 元。

➢ 个人奖励

（1）扫描海报二维码生成个人专属海报，推荐好友参与可获得门票价格 98%的推广奖励，总参与人数达到一定条件则门票涨价一定幅度。

（2）完成 10 人以上推广还有额外奖励。

推广 10~25 人，额外奖励价值 75 元的蜗牛 VIP 季卡。

推广 26~50 人，额外奖励价值 148 元的蜗牛 VIP 半年卡。

推广 50 人以上，额外奖励价值 298 元的蜗牛 VIP 年卡。

（3）排行榜前 10 名奖励。

第 1 名：公开课裂变活动销售冠军证书（纸质盖章）+耳机+价值 365 元的蜗牛 VIP 年卡。

第 2~3 名：公开课裂变活动销售证书（纸质盖章）+耳机+价值 298 元的蜗牛 VIP 年卡。

第 4~10 名：公开课裂变活动销售证书（纸质盖章）+定制笔记本+价值 148 元的蜗牛 VIP 半年卡。

4．公开课课表

公开课课表如表 6-1 所示。

表 6-1　公开课课表

日期	讲师	时间	内容
10 月 22 日	讲师 1	19:30—20:30	兴趣变现 5 步法重塑你的吸金副业
	讲师 2	20:31—21:30	技能变现 7 步法
10 月 23 日	讲师 3	19:30—20:00	揭秘社群读书会核心运营模式、链接 30 多个优质读书群资源
	讲师 4	20:01—21:00	90%的人都忽略了一个变现"武器"——你的声音
10 月 24 日	讲师 5	19:30—20:30	好口才自带吸金力
	讲师 6	20:31—21:30	如何轻松通过社群读书变现

5．朋友圈文案话术

> 朋友圈文案 1

你想参加社群读书会的裂变实操活动吗？

私信我，邀请你加入核心裂变团队，整个方案拆解给你，手把手带你实操和变现！

还有机会拿到官方证书与实物奖品！

我只有 20 个名额，先到先得！

➢ 朋友圈文案 2

你想知道社群读书会从 0 到万人规模的核心运营模式吗？

你想知道如何通过声音、阅读、知识来增加副业收入吗？

第一届社群读书会会长联合公开课正式启动！

30 位会长联合打造，限时特惠 9.9 元，还能参与实操裂变、拿奖品与证书！

➢ 朋友圈文案 3

每个人都有与生俱来的优于别人的能力，而这种能力是可以拿来变现的。你知道怎样做到吗？付款 9.9 元，邀请你入群，你将知道如何轻松使用 7 步法将能力变成钱！

➢ 朋友圈文案 4

你是否对什么都感兴趣，苦苦探索许久却始终不知道如何将兴趣变为副业？扫码支付 9.9 元，教你轻松使用 5 步法重塑你的吸金副业！

➢ 朋友圈文案 5

一个人读了很多书，懂得了很多道理，却依然无法过上让自己满意的生活？有这样一个人，她利用社群带着一群人读书，不仅提升了自己的能力，还通过社群读书变现。想不想听她的故事？扫码支付 9.9 元，让她来告诉你如何轻松通过社群读书变现！

➢ 朋友圈文案 6

好听的声音也能变现！90%的人忘记了声音是自己的第二张名片，在这里，我们将向你展示声音变现的秘密！扫码支付 9.9 元，教你如何将声音变现！名额有限，先到先得。

> 朋友圈文案 7

　　读书、声音、口才、能力、兴趣，只要拥有其中任意一件"法宝"，就能够变现，读书会将携诸位优质会长为大家一一拆解兴趣变现的秘密！

> 入群欢迎语，带动大家发朋友圈文案

　　可爱的小伙伴们，欢迎来到社群读书会公开课群，来到这里的小伙伴一定是乐观上进的人！

　　在这里，我们不仅能看到人生的多种可能，还有机会获得超级干货和惊喜红包哦！

　　想被红包砸？邀请跟你一样可爱又上进的朋友来到这里即可。

　　主动的人最幸运，邀请好友参与可获得价值门票价格 98%的推广奖励。

　　排行榜前 10 名也是有奖励的哦！

　　赶紧行动吧，行动力等于赚钱力！

6．活动流程梳理

（1）10 月 12 日建核心策划群：邀请 3 位核心成员，确定主题。

在会长群发起活动招募。

（2）10 月 12 日—10 月 14 日，会长报名分享+报名裂变。

截至 10 月 14 日，选出分享嘉宾与主题，收集嘉宾资料、安排课表、邀请有裂变活动经验的朋友进核心群一起策划。

（3）10 月 15 日完成裂变海报，制定规则和玩法，准备话术和奖品。

（4）10 月 16 日确定最终发放的奖品，在会长群首发活动。

（5）10 月 17 日建立核心种子群，邀请报名的 30 位会长入群，开始第一轮裂变。

我发现，核心种子非常重要，"搞事情"一定要人多，人多力量大，大家一起做一件事情就容易得多。

（6）截至 10 月 17 日晚上已经有 400 多人参与，但是由于群成员没有遵守规则，我们调整了节奏，提前结束了 1 元福利活动，开始进行 9.9 元裂变活动。这是第一次做活动经验不足的表现，没有把控好时间，这也是以后做活动需要改进的地方。

（7）恢复 9.9 元裂变活动后的第 2 天，裂变速度就开始变慢了，然后我们调整了节奏，核心成员开始带头营造气氛。这样，节奏又开始变快了。

（8）到了第 3 天，几位能力很强的人突然入群，开始了新的裂变，参与人数一下就突破了 1000 人。

本次活动有 1386 人付费参与，而且当门票涨到 399 元时，还有人愿意付费参与。

下面再分享一个免费的 PPT 公开课活动。

活动流程如表 6-2 所示。

表 6-2　活动流程表

时间	内容
DAY1	活动发布：公众号、社群传播
DAY2	19:00 结束进群，20:00 开营仪式：活动介绍、互动、作品分享
DAY3	视频录播课解锁+布置作业
DAY4	大咖直播+答疑+正价课团购
DAY5	追单+解散社群

我们设计的规则是：用户需要转发公开课的活动海报到朋友圈（不屏蔽好友），保留 1 小时，把完成任务的截图转发给客服，经客服审核后就可以免费进群参加公开课了；报名限时 2 天，仅限 2000 个名额，报满即止。公开课邀请到的分享嘉宾是业内知名的大咖，转发的海报点赞超过 10 个，还

可以获得大咖亲自设计的PPT模板。

这类活动可以先进行公开课的简单宣传，然后通过转发这个动作设定了一个门槛，筛选一些意向非常强烈的用户参加公开课，接着在公开课上介绍正价课。这类活动的转化率比纯免费的公开课转化率高10%~20%，并且触达的用户数量更多。

我分享一个在实际过程中遇到的问题。我在手把手教了一个实习生后，让他自己上手操作。可能因为当时请的讲师"咖位"不是很大，而且讲师也没有做宣传活动，结果一上午只有几十个人参与，他就着急了。我检查了一下链路，发现了几个问题：海报上的文案不够清晰；发圈没有话术；没有做二次裂变，也没有沟通头部种子用户。于是，我让他修改话术，然后从通讯录标签里找了六七个往期裂变活动做得特别厉害的用户，邀请他们进群，让他们一起帮忙邀请人。他们一下子就邀请了100多个人，到了下午，群里有了150个人。晚上，我又让他做二次裂变（邀请3个人进群，送阅读时长卡；邀请15个人进群，送定制笔记本；前3名直接发红包）。这样，第二天1个500人的群就差不多满了。

分销海报的链路如图6-6所示。

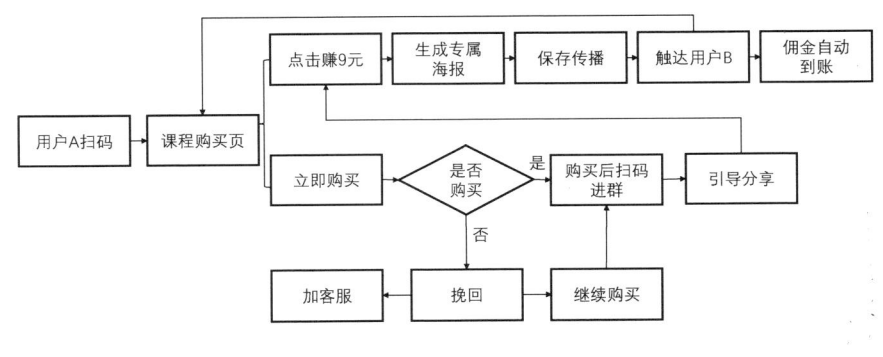

图6-6 分销海报的链路

这类分销的工具有免费的，也有付费的，操作比较简单。

社群案例：《爆款文案》千人社群共读

最初组织共读活动时，我尝试邀请《爆款文案》的作者关键明老师来读书会给书友们做一个线上的分享，然后共读《爆款文案》，彼此深度互动交流。关键明老师非常热情且大气，二话不说就答应了，还帮忙进行了宣传。活动非常成功，在限时、限名额的情况下有 1000 多人参与。活动当天，我们还使某书店的《爆款文案》卖断货了。

添加小助手微信，回复关键词就可以入群。设置好新人欢迎语、分享的时间预告，告知用户转发海报到朋友圈后截图给客服就能免费领取作者的电子书。关键明老师非常给力，将一篇文章转发到社群，一个晚上就号召了两个群的用户。我们又鼓励用户传播，不到两天，1000 个名额就满了。我们将这 1000 个书友分了 3 个群来运营。

由于涉及的人太多，于是我们寻求用户的支援——在用户中招募班委一起来分工协作。班委包括组长、统计官、主持人等。组长负责每天督促组员打卡及汇总组员打卡情况；统计官汇总各小组数据；主持人负责开营仪式和结营仪式的主持。

此外，还要规划每天读的章节，安排好一次共读的时间。比如，《爆款文案》有 5 章，每天读 1 章，加上开营、结营各 1 天，总共是 7 天，预留 1~2 天报名的时间，一次活动周期为 7~8 天。

开营后的共读流程如图 6-7 所示。

（1）开营前游戏互动+嘉宾分享：嘉宾可以和书友聊一聊这本书讲了什么，对大家有什么帮助，大家应该如何阅读。

（2）共读安排：发布共读章节和时间安排，提供本次打卡模板。

（3）分组介绍：各自在哪个小组、组长是谁；由组长管理小组（若人数过多还需要招募副组长）。

（4）共读。

读书会《爆款文案》共读第 1 天

【昵称】_____

【组别】_____

【章节】_____

【重点内容】_____

【实际应用】_____

【思考感悟】_____

按打卡模板的要求，将每天共读的情况发到小组群，打卡时间截止到当日 23:00。

（5）结营颁奖。

我们会公布全勤的小伙伴，评选优秀组员和优秀组长，并给予奖品和证书鼓励。

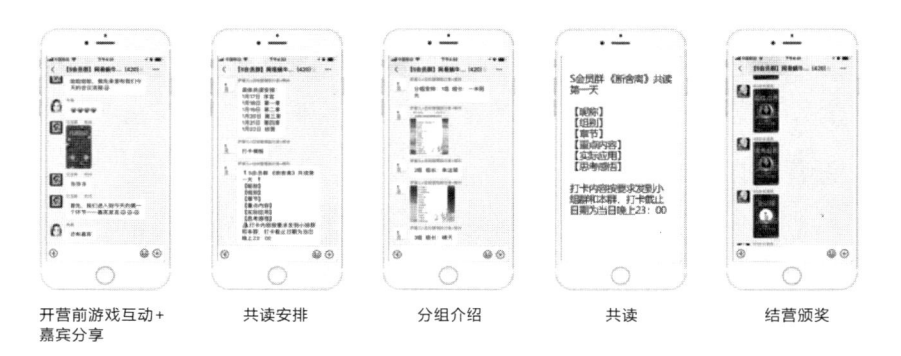

图 6-7　共读流程

在活动结束后，我们还把优质的打卡内容做了一个电子书合集，书友们都表示玩得很开心。这次活动的效果非常好，后续有出版社和作者主动来找我们合作，我们在圈内有了一定的影响力。

在一段时间后，我们把这种活动的形式做成了一个产品——读书会会员卡，只要购买会员卡就可以获得一系列正版电子书，每个月我们还组织共读活动、作者分享会及社群视频课。在这个产品推出后，我们快速招募到3000位会员，验证了从社群到产品的线上活动形式。

教培案例："双11"的案例拆解

这是我在2018年参与的项目。

项目背景是一家创业公司，其业务方向是传统线下培训转型在线教育机构，产品是客单价几千元到几万元的培训+协会证书认证业务，用户画像是HR、企业高管、讲师。老板本身就是一位业内知名讲师，还出过书。当时该公司已经积累了一定量的用户，大部分用户是通过书关注公众号或添加老板为好友而积累得来的，其他用户则是通过公开课、体验沙龙及合作渠道招生后而积累得来的。其中有很多"沉睡"的流量。于是公司策划了一场以招生为目的的线上活动，通过一系列公开课和发福利来吸引潜在用户和意向用户参加。

初步确定的活动方案如下。

活动主题："双11"狂欢。

形式：免费公开课+发福利+限时限额低价抢购。

力度：最低价。

渠道：私域流量、5个微信号、2个公众号、私信群发+推文、合作讲师、机构。

活动分3步。

第1步是造势：在公众号发布了一篇活动预告的文章；在社群内推出为期10天的免费线上活动，邀请了多位行业内知名讲师、商学院院长等，并发布了免费公开课课表和讲师介绍，群里还会抽奖和发红包，感兴趣的可以联系客服进群；每天都会在朋友圈发一些海报预告，并让嘉宾录制视频邀请大家参与活动，之后私信联系。

第2步是预售：为期10天，隔天晚上会有1~2位嘉宾分享和互动，不仅会回答问题，还会送出书、周边产品、课程优惠券，同时会发大量红包，活跃气氛；提示在分享结束后预告11月1、3、5、7、9、11日的上午10:00会放出一些课程的优惠名额，但是是限量的，要拼手速抢。

第3步是发售：群里每天通知，开始前10分钟提醒，上午准时开抢，结束后发布手速榜，恭喜抢到名额的用户，不断地在群里烘托气氛，刺激用户。结果"双11"一周仅在线上用社群发售的形式就成交了220万元。

当然，这样的发售活动是有前提的，首先要有一定的用户积累，且用户有购买意向；其次是有计划、有步骤地层层推进，营造一种热烈的氛围，价格和福利也要给到位。像这样的活动一年组织一两次就足够，多了就没有意义了，会让用户感到疲劳。

企业内训案例：一次给全体员工发邮件的 6·18 活动

在技能培训项目内测阶段，我想进行企业内部宣传。于是我向主管申请了公司公邮资源位，给全体员工发邮件。

其实这个活动就是一次曝光量比较大的触达行为，进行集中的、大量的咨询、答疑和报名。要抓住的关键点是：活动形式（优惠、满减、拼团、秒杀）、海报素材、付费链接、客服话术。

在活动的设计上，我一直在思考：是做秒杀、拼团，还是做优惠价。最后，团队小伙伴决定直接做秒杀优惠券：员工可以在 6 月 16 日至 6 月 18 日期间 1 元秒杀 300 元大额代金券（500 张）、500 元代金券（18 张），1 人限参加 1 次，报名成功加送价值 298 元的会员卡。

在做第一版海报设计时，我只留了一个微信号，考虑到这个号添加的人过多可能被限流或答复不过来，于是进行了如下更改。

（1）对企业微信号做了分流处理，新加好友可以分流到 3 个不同的企业微信号。

（2）预留内部沟通活动群（已扩容至 1000 人）备用咨询。

活动当天确实如我预料，3 个号都回复不过来，大部分咨询是在内部沟通活动群里完成的。所幸结果是好的，基本达到了预期，也让我们的项目在内部进行了一次大的曝光，甚至后续行政部门的同事都主动来找我长期合作。我们又以同样的方式和周边的企业进行了合作。

活动概况如图 6-8 所示。

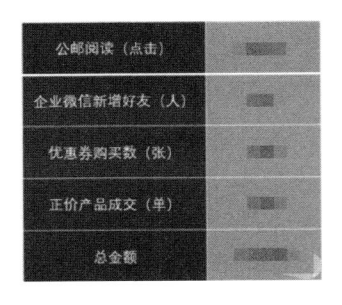

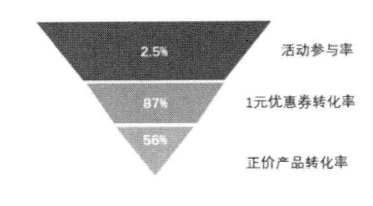

图 6-8 活动概况

1. 活动概况

活动参与人数××人，优惠券购买数××张，正价产品成交××单，总金额××元。

2. 复盘

不足的地方：活动经验不足，规则、页面设计与链路都有欠缺的地方。

➢ 活动参与率不高

（1）页面信息过多，链路过长（优化方向：只留单一指令）。

（2）活动主题不够有吸引力（单一产品会更精准）。

（3）大额券使用时间设置过晚，导致延迟付费时用户想报名的时段的名额已满。

➢ 调研用户未参与的 3 个主要原因

（1）工作忙，没有及时报名。

（2）想报名其他活动，等上新。

（3）部分员工不符合活动条件。

➢ 长尾期方案

做一个活动调研，同时咨询用户意向产品，打好用户标签，在 7 月进行一次 8 月活动的定向群发，每月都在活动期间建的群内更新活动表，对意向用户进行跟踪转化。

我跟大家分享一件真实且有点好笑的事情：我在发送海报前，请部门专门做审核的同事喝了咖啡，拜托大家帮忙检查。等全部改完以后我又盯着这个海报整整看了两个小时，同时借了 5 部手机把整个链路反复测试了好几遍。我们决定定时（16:00）发送，我从吃完午饭开始就一直盯着看。那时我实在太紧张了，紧张到一副没见过世面的样子，现在回过头看，简直太夸张了。不过好在活动顺利完成了，也基本达到了预期，这对我而言是一次非常有意义的挑战。

第七章
线下活动案例拆解

组织线下活动要关注 4 个要素：目的、嘉宾、招生、会务。

我们也可以从组织线下活动的 3 个活动阶段来拆分这个活动：活动前、活动中、活动后。具体情况如表 7-1 所示。

表 7-1　组织线下活动的 3 个阶段

	活动前	活动中	活动后
宣传与转化	招生文案 邀约嘉宾 确定主题 海报制作 渠道宣传	直播扩散覆盖面 品牌宣传 产品转化	结束环节 素材编辑 二次传播 社群维护 用户调研
体验感	签到环节 入座环节 设备调试 动线设计	线下物料 主持人暖场 突发问题解决 茶歇环节 互动答疑 嘉宾分享	隐藏彩蛋 合影 聚餐

书友见面会案例：0 经验如何组织百人线下活动

1. 活动前

➢ 确定招生文案主题

我们在"读书会成立 100 天"和"第一次线下面基"两个主题之间犹豫，于是做了两个版本的海报分别在两个人数差不多的书友群进行测试。通过渠道码我们发现"第一次线下面基"这个主题更有吸引力，打开率高出 20%，于是在写招生文案时，我们用了这个主题进行全渠道传播。在活动开始前 5 天，我们发现填写报名表的人数没有达到预期，于是又加急写了一篇"您有一份书友见面会邀请函待查收"进行了二次招生。

➢ 邀约嘉宾与现场活动人员

我们邀请了在杭州且合作过线上活动的《引爆微信群》的作者老壹老师、《运营笔记》的作者类类老师、网易蜗牛读书馆张兴馆长、蜗牛 App 创始人李宝泉老师，以及在杭州的读书会会长。

工作人员除了我们在书友群招募的 5 名志愿者，还有我和两位同事，以及一位友情帮忙做主持的会长、一位主动找到我们愿意帮忙拍摄的书馆读者。

➢ 海报制作、物料准备与活动预算

（1）线上：招募海报、报名文章链接、背景海报、作者录制祝福视频、全国各地的会长录制祝福视频、线上运营团队录制祝福视频、活动 PPT。

我们的招生文案说明邀请了全国十几个城市的会长，以及和我们合作过的线上活动的作者，再加上幕后的志愿者运营团队一起录制的祝福视频，结果这篇文章的转发量是平时的 8 倍。

（2）线下：场地（蜗牛读书馆）布置、展架、投屏、横幅、签到表（也可以用小程序）、互动小奖品。

这里还有一个小插曲，当时部门设计资源比较紧张，线下展架这个需求排不上了，于是我在书友群里有偿征集设计师帮忙，结果在广州的黄希雁仗义相助，连夜帮忙做了设计，还分文不收，这真的令我特别感动。

这次活动的费用几乎没有——场地是蜗牛读书馆友情提供的（当时我还不在蜗牛运营组），摄影师是志愿者，嘉宾是友情支持的，会务人员也是志愿者，伴手礼是部门剩下的活动物料，活动的费用也就一点打印材料的费用。

> 渠道宣传（招生）

渠道1：杭州的读书会会长——私信发电子版邀请函，并号召一起招募。

渠道2：在活动行、互动吧等平台发布活动预告。

渠道3：读书馆和读书会公众号、工作号微信朋友圈、书友群。

渠道4：联动《引爆微信群》的作者老壹老师、《运营笔记》的作者类类老师一起招募。

2．活动中

签到—引导入座—填写书友交流卡—主持人暖场—分享环节—素材采集—互动环节—招募环节—结束。

3．活动后

我们将活动素材收集整理后编辑成新闻稿，请"网易新闻"的同事帮忙进行报道；又在公众号发布了活动回顾的推文，并开放留言板请大家给我们提建议，留言点赞的前10位还有实物奖品。这样就进行了二次传播。此外，我们还借助新闻稿为网易社群读书会成功申请了百度百科的关键词收录，从而有了一个长期的搜索引擎自然流量。

本次活动中有如下几个失误的地方。

（1）因为是免费活动，有许多书友未预约就占了座位，导致许多报名的书友没有座位，只能坐在地上；座位上没有名字，我们无法区分哪些是签到的，哪些是临时入座的书友。

（2）部分嘉宾太早到达现场，没有用餐，而读书馆是不能带餐进入阅读区的，导致嘉宾需要外出用餐，招呼不周。

（3）原计划招募 50~70 人，结果报名链接没有及时下架，最后现场来了 100 多人。人数过多，非常影响体验感。

在之后的活动中，我会严格控制人数，并安排好一个休息室让嘉宾用餐和休息。这次活动的效果是远超我的预期的，在此之前，我从来没有组织过百人以上的线下活动，所以活动前非常紧张，害怕没人来。没想到最后能有这么多人来捧场，这些都离不开书友、会长、嘉宾和书馆的支持与帮助。我印象非常深刻的是，这次活动的组织全程由读书会的尹大宝会长友情帮忙策划，老壹老师、类类老师免费帮忙站台、联合招生，读书会的薛小笛会长、凌风会长还特地从外地自费过来捧场。大家真的太棒了！这也是我们社群的情感联系和黏性的体现，我永远都忘不了。虽然有瑕疵，但是这次活动是非常有意义的。我也真的很幸运，能认识这么多热心、友爱又优秀的朋友。

跨城市组织新书签售会案例：《从零开始做运营 2》《影响力变现》

付费线下活动主要根据到场人数进行安排。30~50 人的小活动我一般会和场地方谈好消费一杯饮品即可,以交流为主;百人以上的活动我会邀请大咖来分享,会收取门票费用(一般为 50~200 元,如果是大活动,可以收 300~1000 元)。这里会拆分成本:场地费、大咖出场费、物料费用,其中占比最大的是场地费。大咖出场费是可以谈的,如果作者现场售书,一般就不收费了。物料费用会有一些,但是也不会太多。当然也可以找赞助,一些企业和社团会有组织读书会的预算。

案例 1 《从零开始做运营 2》新书签售

帮《从零开始做运营 2》的作者张亮老师运营粉丝群的安安来找我,问是否可以一起联合办活动。我首先提出问题:活动目的是什么。安安表示是新书签售。于是我建议卖门票,并帮忙设计了以下方案。

(1) 作者签名实体书——价值 58 元。

(2) 张亮&网易蜗牛读书会线下分享会门票(约 3 小时)——价值 99 元。

(3) 运营人必看的正版电子书合集 8 本——价值 128 元。

(4) 蜗牛读书馆饮品一杯——价值 25 元。

(5) 作者线上粉丝群门票。

以上价值近 300 元的福利套装,签售会限时 98 元售卖,限量 50 份。

我们在张亮老师的私域渠道、蜗牛读书馆的公众号、读书会的社群,以及活动行和互动吧都发布了招生信息。最后有 100 多人付费报名了这次活动,远超出了预期。

我又在现场帮忙塑造了一下签名书的价值(可以送给过生日的同事或者商务合作伙伴),聊了一下《从零开始做运营 1》的内容,与书友进行了互动，现场的实体书全部售罄。

我没有主动去张亮老师的杭州后援会粉丝群让他们加好友，也没有在活动现场去推广我的产品，但是因为有内容的输出，现场大家主动加我。最后我统计了一下，长尾期将近30个好友报名成为读书会的会员，群里是94人，转化率将近30%。要注意一个活动只成交一类产品。因为主角是作者，所以我会帮忙推他的书、他的课，我不会去抢风头，但是流量是可以复用的，一处流量可多处变现。

没有经验的朋友，我建议去活动行和互动吧报名参加一些线下活动，有免费的也有几十到几百元的，学习一下别人是怎么做的（可以加上活动发起者或执行者的号，翻翻他的朋友圈可以找到很多素材）。另外，如果没有把握也可以采取联合举办的形式，找有经验的合作方一起做，压力就会小很多。最简单的就是，找自己的同事和同学一起组个局玩桌游，这也算线下活动，大家可以尝试看看。

最重要的是，我们应先搞清楚做线下活动的目的（是做品牌宣传、做粉丝深度链接、赚门票钱，还是做线下转化产品），再去设计、招生、落地执行。千万不要自以为是，要多做一些调研。

我最后说一句，张亮老师人很好（大家有问题，他都非常耐心地解答），也很低调。张亮老师现在在上海创业，祝他的80分运营俱乐部运营顺利！

案例2 《影响力变现》作者签售会

当时是我们社群读书会发展最快的时候，全国已经有100多位会长了，光深圳的会长就有10多位。刚好徐悦佳老师的助理秋木也是我们读书会的会长，他邀请我们一起联合举办深圳的线下活动，目的就是联络一下用户的感情，也不推广什么产品。因为徐悦佳老师在读书会帮过我，所以我爽快地答应了。

结果没想到在招生环节遇到了问题，临近活动前2周仅有不到10人购买了门票，于是我们开始担心人数不够，无法支付场地费。这次活动是没有营收的，也不方便让公司出费用，于是我就和读书会的核心成员商量是继续举办还是取消活动。我和5位成员进行了线上语音沟通，最终决定大家一起拆分目标，把这次活动办起来，截至活动前5天如果没有达到预期人数，就取消活动。我拜托秋木完成10人的招募和场地预订。之后，我和在深圳的14位会长进行了语音沟通，大家都表示愿意参加（其中两位会长无法到场），并且会帮忙宣传。我又在活动行和互动吧进行了活动发布，并在读书会的社群和公众号进行了转发。最后，读书会的会员到场的有将近20人，12位会长均到场，还介绍了10多位自己的朋友一起参与，在活动行上有几位新朋友报名了。除此之外，广州的薛小笛会长帮忙号召了广州的朋友来深圳参加活动，秋木也号召了徐悦佳老师的一些粉丝。最终在活动前一周，有将近60人确定到场，实际到场的将近80人。

活动流程中有4个分享环节：徐悦佳老师组织的研习社优秀学员分享，读书会优秀会长的分享，我作为读书会发起人的分享，作者进行分享。之后进行了新书签售、晚餐交流。

这场活动也算是让人颇有压力的活动了：首先，一个很大的挑战就是跨城市；其次，举办时间在年底，当地有很多活动和大会，大家的时间也不确定。好在在大家齐心协力，克服了困难。

行业大会案例：社群营销大会、运营深度精选3周年杭州站的活动

2018年11月，老壹老师、陈栋老师主办的第一届社群营销大会，联合了100多个社群组织参与，1100多人参加。2019年，老壹老师邀请我一起作为联合主办方组织第二届社群营销大会。下面我和大家分享一下这个大型线下活动案例。

举办活动最重要的是明确活动目的、嘉宾、招生、会务。

（1）活动目的：联动业内从业者交流、宣传各主办方品牌/产品。

（2）嘉宾：拟邀16位，最终确定了11位，且全部友情站台，对于外地的嘉宾由主办方承担差旅费。

（3）招生：普通参会者和联合发起人共同参与。

（4）会务：联动业内从业者一起分工。

下面重点说说招生部分。

我们先明确由主办方和3家联合主办单位共同发起第一轮宣传。

本次社群营销大会围绕新思维、新模式、新策略，把当下热门的社群团购、社交电商、私域流量等结合起来，带大家了解全新的社群新模式。除此

之外，还会有企业案例分享等环节，让参会者深度链接（触达用户）。

门票是 1280 元/张，会开放 24 小时的早鸟价预约秒杀，届时只需 880 元即可，各主办单位的会员只需要支付 600 元会务费和餐费。适合对象是社群从业者、实体店创业者、对社群营销感兴趣的企业业务负责人、有一定粉丝的 KOL 和 KOC、独立讲师等。本次大会限 300 人，内部已经预定 30 人，目前余 270 个座位。

如果你想深度参与到本次大会的组织当中，可以申请成为大会的联合主办人或协办单位、协办社群。联合发起人限 10 人，费用是 5000 元，可以获得 10 张价值 1280 元的门票、会刊 0.5 页宣传位、现场易拉宝 1 份、大会授奖环节授予的证书、所有线上宣传物料的展示。联合发起人可以全程参与本次大会的幕后组织活动，以及大会结束之后的复盘。联合发起单位的费用是每家 20000 元，联合赞助单位的费用是每家 50000 元，可以在会刊里刊登 1～2 页企业或项目的宣传资料，在大会手提袋里放企业宣传资料，在大会现场播放品牌宣传视频，获得主办方线下 4 天 3 夜的培训学习资格等（招募联合发起人）。

另外，还有组织优秀社群评选环节，各社群可在线上填写申请表，入选的社群可以获得免费曝光资格。

经过第一轮的宣传和筛选，大家就一起参与进来了，我们会建一个核心群，再各自分工，完成活动的组织。

第二轮宣传由各联合发起单位进行，同时我们也会在其他平台进行付费投放，最终大会座无虚席。

我非常佩服老壹老师和陈栋老师的号召力、活动设计和筹备的能力，所谓"高手一骑当千"，大概就是这个意思了。

活动结束后，老壹老师发布了活动文章，用户只要转发该文章，并发送截图到公众号，就可以领取老壹老师整理的活动嘉宾的 PPT 资源包。这是做了一个长尾期的曝光。

下面我再分享一个行业大会的案例：运营深度精选 3 周年杭州站的活动。当时是《运营笔记》的作者类类老师找到我一起来组织的，鉴峰老师还给我发了一个聘书，聘请我做组委会的副会长。这个活动是由运营深度精选主办，杭州、上海、广州、北京等 10 个城市一起组织的运营人的年终聚会。主办方会联系在当地有一定资源和影响力的同行一起筹备当地活动的招生和活动落地。杭州站的活动设计得比较简单，就是想年末了大家一起聚聚，于是简单设计了一个 79 元的早鸟票，同时设计了一个晚宴票，限 30 人，推荐朋友购买门票可以获得推荐佣金。我们联系了当地的 5 位分享嘉宾，以及一个免费的活动场地。门票收入用于购买活动物料、伴手礼等。鉴峰老师太厉害了，我都没怎么发力，170 张门票 1 小时就被抢完了。

我们建了一个活动群，大家会在群里交流一些运营问题，分享一些招聘信息等。通过这个活动，我的收获是：和有经验、有影响力的人一起组织活动会非常轻松。

技能培训招生案例：3 个多月完成百万元营收的 MVP

偶然间，我在一个关注了很久的本地生活号上看到了一则技能培训招生的文章。出于好奇我报名参加了这次活动，并认识了组织本次活动的培训学校的负责人。他向我介绍了这个业务并邀请我一起组织。我完全没有接触过这个行业，所以只能说"先试试看"。

招生分为 3 个阶段。

（1）内测阶段。

- 私域、公众号。
- 公司内网、内购群。
- 线下展架。

（2）传播阶段。

- 转介绍。
- 内容引流。

（3）推广阶段。

- 企业。
- 达人合作。

在内测阶段，我尝试在读书馆的公众号和读书会的公众号进行了文章发布，又做了一个展架放到了读书馆的入口处，并在公司内网发布了一个活动帖子。除此之外，我又到公司的一个员工自建的内购群里发布了这个活动。没想到活动非常火爆，3 天时间就有近 50 个人报名。当时学员的比例是 70% 的员工、30% 的外部人员。我们发现这个活动可行，于是开始花精力认真做这个活动。

当时我的小组只有 1 个可以抽调的人手，也没有多少预算，于是我们尝试请老学员帮忙介绍朋友来报名，报名成功后新老学员都可以领到小礼物。另外，我们采集活动现场的照片，编辑成图文、短视频在小红书、大众点评、视频号发布，同时拜托学员帮忙进行点评和图文宣传。小红书和大众点评每周都会有几千人次的曝光和几十个新客来咨询。这个时候，报名学员的比例变成了50%的员工、50%的外部人员。

因为人手不足，我们想了一个办法，付费请考证拿高分的学员过来当兼职助教。其中有一位助教是丁香园的员工，他又帮我们介绍了十多位丁香园的员工，后续我们还和丁香园的 HR 达成了内训合作。

后来，我们又建了 3 个群。

（1）学员群：所有完成交付的学员自愿进群，群里每个月有一次抽奖活动，会送一些教具和新品体验名额，有新的活动会优先给老学员名额，有沙龙活动也会给老学员一些免费体验名额。

（2）咨询群：我们会在群里组织一些新人拼团活动，如 3 人组队报名会送小礼物等。

（3）兼职群：我们会邀请当过助教的学员到兼职群，等其他场地和合作方需要兼职的时候我们会帮忙招募，给学员提供一个赚钱的机会。

到了推广阶段，我们尝试与企业合作，找了本地的产业园和一些学员所在的企业，请学员帮忙联系合作事宜。比如，在和上峰产业园的合作过程中，经园区的陈俊丞经理热心牵线，我们和当地多家企业达成合作。

我们也会邀请一些小红书和大众点评的达人来置换。比如，对于拥有 1000 个以上粉丝的本地号博主，我们通过免费送一次体验和拍摄服务置换一条图文，而且，由该博主介绍的学员成功报名后会给博主结算推广费。

就这样，在短短 3 个多月的时间里，我们在只有两个工作人员的情况下完成了百万元营收的 MVP。

线下门店案例：扭亏为盈的读书馆

我曾经问过蜗牛读书馆的张兴馆长：杭州的书店有挣钱的吗？张兴馆长告诉我，目前他知道的只有日本的茑屋书店是盈利的，其他书店的状况都不太好。张兴馆长担任过先锋书店的 CEO，在实体空间行业有非常丰富的经验，不过在运营蜗牛读书馆时也遇到了一个大问题：读书馆能借阅图书，但不能卖图书，如果和传统书店一样只做饮品和文创，那么盈利根本无法支付员工工资和水电费。

于是我们探索了各个方向，最终发现通过组织活动有机会创造收入。我们的活动主要分为 4 个方向：企业品牌活动、中小学生游学活动、党建活动、培训活动。

值得一提的是，蜗牛读书馆的周逸副馆长还创新设计了红船主题的密室逃脱活动，不仅有趣、好玩、烧脑，还科普了历史知识。读书馆开展了许多有意思的活动，如"夜宿图书馆""特色夏令营""二十四节气手作"等。在做了大量的活动且获得一致好评的同时，我们尝试申请将读书馆作为杭州市中小学生第二课堂的打卡点，这对于我们而言意义非常重大。与此同时，我们也开始更用心地做一些有意义的活动、公益公开讲座等。

2019 年，我们尝试了场地租赁，纯场地租赁有一个比较麻烦的地方，甲方想预订的时间段基本是节假日，可以安排的时间是有限的，且一涉及价格就比较难谈，总有合作方希望我们可以免费提供场地。迫于无奈，我们只能做一个刊例价，一视同仁，最多给老客户打个折。张兴馆长非常厉害，接到了几场大型活动，其中在举办一场活动时，他直接把读书馆前厅的书架都移走了，开了一辆汽车进读书馆，还邀请了傅首尔、樊登老师到读书馆进行了一场小型的辩论活动，同时在网上进行直播。

2020 年，我的一个合作方提出想要组织二百名员工跨城市参加培训，因为当时我们部门有短视频 MCN 和社群方向的实操落地的内容，于是就为对方设计了一场为期三天的企业游学活动。第一天上午分享组织创新管理与企业文化，并进行参观，下午分享一个定制课题；第二天上午分享短视频理论、布置作业，下午进行实操和作业点评；第三天举办了一个企业内训工作沙龙，并进行了复盘。这就是我们企业研学的雏形。待这场活动结束后，我们在公众号进行了宣传，来咨询的企业络绎不绝。杭州的特色是电商、互联网、直播，于是我们和周边的高新企业、创业达人、网红进行了合作，设计了一条颇具个性的企业游学路线，有半天、一天、两天、三天的活动时间可进行选择，有十家参观企业可供选择，讲师团队也扩充到了三十人。根据客户提出的需求，我们设计了这款新的活动产品，目前稳定合作的机构不少，都是主动来找我们的，而且每周都有来预定的，可以说非常火爆。

2020 年，我们开始折腾"云逛图书馆"进行直播，高峰时期有几万人在线。之所以我们没有选择持续做这件事情，是因为投入的沉没成本太高了，而且我们也不希望一家文艺的读书馆到最后一直在卖货，后来我们就开始把重心放回到活动上。

在开展培训活动后，我们又同时收到了很多用户提出的需求，他们希望可以开放一些非考证类的、兴趣类的和技能类的体验活动。于是我们开通了大众点评的团购功能，设计了一些沙龙类的体验活动，如宋代点茶体验活动、咖啡拉花体验活动等，门票几十元，如果体验效果不错，我们也会向用户推荐技能方向的培训。在小红书和大众点评的互相导流下，我们用了不到一个月的时间就冲到了杭州 DIY 手工榜第三名。

在进行每次活动时，我都会安排活动人员拍摄一些活动照片并发给用户，如果用户帮忙写点评，我们会送小礼物，或请用户喝杯饮料。我们的用户都非常热情，往往愿意义务帮忙。在这里由衷地感谢读书馆的志愿者，他们都是非常热心和认真的人。来读书馆做志愿者属于义工行为，而有一些想要在杭州积分落户的朋友可以通过做义工获得积分。于是我们建了多个志愿者群，当我们在组织活动需要人手的时候会在群里发布消息，很多时候，即使没有积分，很多朋友也愿意参与。当然，如果是商业活动就会有兼职费，如果是公益活动就会有伴手礼。

就是这样一家文艺范的读书馆，在大家的各种创新探索下实现了不卖书也能扭亏为盈。有时，我真的觉得事在人为，虽然辛苦，但同事们一直在互帮互助，共同成长。我经常和张兴馆长说，也许有一天我们能帮助书店行业做一些创新突破，让这个行业不靠情怀也能"活下去"。

失败活动与大型活动的危机处理案例

大业务有大业务的困难，小业务有小业务的困难，遇到问题不要逃避也不要害怕，要去解决问题。解决了一个问题还会有新的问题出现，慢慢地，我们就能承受一波又一波更大的风浪了。做活动也是如此，活动前做充分的准备，活动中遇到问题了就解决问题，活动后复盘，慢慢积累经验。

常见的问题及解决方案如下。

（1）物料出现问题、活动过程中设备故障、电路跳闸等：可以提前一天预演和调试，在活动开始前再次调试。

（2）报名环节人数没有做好控制，500 人的活动来了 1500 人：要想办法布置好动线（从入口到出口的行走线路，不要堵住），排好队，最关键的是安全问题，不要发生踩踏事件。

（3）活动现场就来了几个人：可以把分享会改为个人采访。

（4）极端的粉丝对嘉宾进行语言攻击或有过于亲密的肢体动作：保护好嘉宾，及时通知安保人员或报警。

（5）嘉宾迟到：提前确认，采用临时救场方案拖延时间等。

下面我再分享几个案例。

案例 1

2019 年年末，我和朋友一起策划了一个高端的私董会项目，虽然花了很多心思来筹备、设计流程、邀请嘉宾、预订晚宴，结果却不尽如人意。整场活动零成交，这对我打击非常大。

我后来复盘，发现在招生环节就出了问题。我当时邀请的是企业经营规模在 5000 万元以上的企业家，结果因为没有仔细审核营业执照，有很多谎报了业务情况的参会人员根本没有消费能力，还有几位微商朋友在交流环节跑上台推销自己的产品……最后在最重要的转化环节，一个分享嘉宾跑上来打断了我们，说我们的活动环节压缩了她的分享时间，于是最后我决定放弃做成交。

通过这次活动，我得到了两个经验教训：如果不是目标用户，那么宁可取消活动；嘉宾该付钱就付钱，有费用才能有约束。

案例2

蜗牛读书馆的张兴馆长分享给我一个他印象非常深刻的危机。他作为活动的场地方理论上只需要负责场地布置与设备调试，再帮忙宣传一下活动就可以了。令人没有想到的是，活动的对接人是新手，以为活动的报价里包含了邀请嘉宾的费用，并且全程没有和嘉宾联系。这是一个上百人的活动，活动在下午，到了中午开始彩排的时候才知道没有邀约嘉宾，简直太可怕了！于是双方赶紧去联系嘉宾，给了比平时高很多的费用才把嘉宾临时邀请过来。

张兴馆长后来做复盘，发现其实还是沟通的问题。做活动的关键是处理好那些琐碎的事情。

案例3

我在做培训项目的时候，因为某些客观情况，各个考点暂停了组织考试。我们的整个业务流程是：确定上课时间和人数—开放报名—收集材料—上报考点—确认考试时间—采购教具—培训—复习—考试。当时，几百位学员已经完成了培训，但无法确定何时考试，还有部分学员只完成了部分学习任务。我遇到了挑战：部分培训活动是在公司组织的，但疫情期间老师无法进入；完成培训的学员不知道什么时候能考试，担心间隔太久忘记所学的内容；即便开放考试，时间上会存在很大的变动，可能存在学员时间冲突无法参加并希望退款的情况。这里涉及的金额很高，我非常担心。

于是，我们和合作方开始评估这件事情，最坏的结果是：一直无法组织考试，大量学员要求退款，那么，我们可以退回考试费用，以及扣除教具费用后一半的教学费用，损失由我们和合作方按比例承担。这样的话，损失是可控的。既然想好最坏的结果了，那我就需要在这个基础上来想办法了。

我们先组织小班完成剩余部分的学习，原先一个班是30～40人，疫情期间要求一个班30人以下，于是，我们将学员分成20人左右一个小班，安排到其他场地完成学习，并包了一辆大巴车接送。学员可以接受这个处理方式。

我们请老师将线下实操部分的学习内容录制成视频课，学员可以通过视频课复习。

我们承诺在考试前安排考前集训，给每个班安排半天的时间。

在这个过程中，学员们都感受到了我们的诚意，也非常体谅我们，没有一个人提出退款。而且幸运的是，两个月后我们开始恢复工作了。这个时候我们又迎来了第二个挑战，全杭州积压了近万名考生，原计划全部打乱了，我们只能临时等通知，学员排到什么时候考就什么时候考。常常出现周日要考试了，周三才通知的情况，而且不参加就算缺考，还要付补考费。一时间，十几个学员群都炸开了锅，有几百个人同时找我。

于是我和合作方紧急商量了一个方案：所有因为疫情延期考试的学员在接到临时通知的情况下，如果因时间冲突无法参加考试，那么考试费由组织方承担。我们先统计人数。部分科目人数少，考点愿意免费安排；部分科目人数多，由组织方承担。这样其实总共也就损失了不到两万元。

达成一致后我发布了群公告，主要表明如下几个意思。

（1）先向学员道歉，这次活动给人带来了不好的体验。

（2）出现临时通知考试的情况是由于客观原因积压了大批量的学员，原计划已被打乱，默认将之前报名的学员录入考试系统，如果无法参加，那么系统会视为缺考。

（3）目前正在协商安排一次免费补考，如果最终无法协商成功，费用由我们承担。

通过这次活动，我们让学员看到了我们负责任的态度，并圆满解决了这次危机。

同时，我也深深地体会到，危机之所以叫危机，是因为"危"中有"机"，如果处理得好，就是机会。人心都是肉长的，学员看到我们负责任的态度，大部分都对我们表示理解。我相信这个世界上美好的人和事占大多数。

后记

成长

　　大家有没有感到迷茫的时候？初入职场的菜鸟会迷茫，带团队的中层管理者遇到瓶颈会迷茫，无人可以商量和倾诉的老板会迷茫。

　　我在刚毕业的时候，常常因加班到深夜而赶不上末班车，于是攒了几个月的钱买了一辆电瓶车。有一天，回家路上突然下起了暴雨，电瓶车也没电了，我自己先是坐在马路边哭了 10 分钟，然后一个人推着电瓶车走了 5 千米回到了家。结果感冒了，我请了两天病假，还被扣了工资。如果放到现在，我会先就近找个地方把电瓶车停好锁上，然后打车回家，等天晴的时候叫个车把电瓶车拉回去，这样花费总共也不会超过 150 元。哭没有用，要先想办法让自己处于安全、舒适的环境里，再来解决其他问题。

　　我在参加工作的第二年吃了一个"哑巴亏"。领导让我收集需求，让做技术的同事研发一个后台，后续在使用后台的过程中，有一位年长的同事每当遇到操作问题都会说一句"斐斐啊，你这个后台有问题啊"。我帮她检查后发现，是她和她的团队成员操作失误导致数据对不上的，而我每个月月末都要周而复始地帮她"抓虫"。我那会儿年轻，没有经验，每次就这样傻傻地去帮她做检查工作。有一天她心情不好，还当着领导的面把责任推到我身上，说后台每个月都会出问题，气得我在工作时间直接摔门而去，一个人坐在楼道里抹眼泪。结果，不但问题没有解决，我还给领导留下了一个"情绪不稳定"的印象。如果放到现在，我会把整个后台操作的使用说明打印出来，要求她自己操作。与此同时，让负责技术的同事做一个排查，并告知领导现在遇到的困难和需要的支持，如果领导也不能给予支持，那么我可以申请调岗或离职。当时觉得天都要塌下来的事情，现在想想简直不值一提。

在带团队后，我也会遇到困扰。比如，组员犯错了，需要我来"背锅"；因业务解散需要我去通知组员的时候，我感到特别无助。有一次，当我看到领导一个人倚在栏杆上抽烟时，我感受到了他身上那股无形的压力和孤独，就像那句话所说的，"中年男人一睁开眼睛看到的都是要依靠他的人"。我所有在创业的朋友几乎都会遇到同一个问题——失眠。项目回款遇到困难，员工工资发不出，融资等答复……他们没有可以倾诉和商量的对象，只能自己扛。

我渐渐明白，人生来都是孤独的，很多时候我们不得不学会消化、忍耐。我们要去做一些自己不擅长的事情，涉足一些陌生的领域，学会和自己独处，学会独立思考和独立解决问题，做一个有担当的人。

我刚到网易第一次做策划案的时候非常苦恼，因为我没有在大公司写一个完整方案的经验。我的组长苏公子告诉我：一个方案，你写出来，就值5000元以上；等落地有结果了，就值50000元以上；等你跑通了，将其做成一个可复制的商业模式，就值500000元以上。我像挤牙膏一样把这件事情做完了，虽然过程真的痛苦，但是很有成就感。这是我的经验、我的案例、我的成长。再后来，我调到新的部门，要面对更加复杂和困难的业务，且没有人可以商量，什么都要自己摸索。那段时间我非常迷茫和焦虑，心里一点底都没有，但是我没有想过放弃，我只有一个念头，就是转正，不管后面能走多远，我来都来了，一定要转正。后来，我把那段时间总结为"成长的阵痛期"，熬过去了，就升级了。

所以，如果你感到孤独和无所适从，那么也许你正在成长。

一些朋友总在懊悔过去发生的事情。比如，要是我当年好好读书考个好大学就好了，要是我当时没有去那家公司就好了，要是我早点跳槽就好了，要是这次活动效果更好就好了……希望大家不要总是活在对自己的谴责和对没有发生的事情的焦虑里。我听过一句话：人的一生都在为认知买单。你当下做出的选择基于你当下的认知，当下的状态促使你选了一个当下你认为最优的选项。再来一次，你还会犯类似的错。没有关系，人总要学会为自己的选择买单，同时学会承担相应的后果。我们要向前看，通过这次的教训思考以后如何做得更好，只跟自己比。对于没有发生的事情，先调整好状态，兵来将挡，水来土掩，总能找到一个解决方案。

在我的字典里，"担当"是一个非常高级的词语。

有的女孩选择伴侣可能要求对方有房有车、身高180厘米等。我个人觉得，选择伴侣，要看双方处于低谷时能不能互相扶持，因为很多人是能同甘不能共苦的，生活、事业都是如此。男人也好，女人也好，一定要做一个有担当的人。

我有一个好朋友也是我的前同事，大学刚毕业和亲戚一起投资了一个项目，不仅自己亏了钱，还连累了几个一起投资的同学，后来他腿上还长了一个肿瘤。我是在他处于低谷的时候认识他的，那时的他非常努力，每天拼命加班，不舍得吃也不舍得用，辛苦工作一年，攒了六七万元，其中三万元拿来还给之前投资亏了的同学，三万元用来去医院做手术，没有向家里要一分。

换成一个脆弱一点的人，可能就想不开了，或让家里拿钱帮忙解决。我觉得他是一个很有骨气和担当的人。后来，他手术后恢复得不错，事业也发展得很顺利。我为他感到高兴，同时视他为我的榜样。

我之前是一个比较自我的人，只管自己开心，非常情绪化，控制不住自己的脾气，非常急躁，讲话也很冲。在带团队的时候我开始反省自己，如果我这么急，那我的组员压力就会很大，长期在高压下工作对团队是不利的。当意识到自己肩上的责任时，我开始谨言慎行，因为我的言行是代表部门，甚至代表公司的。当业务遇到阻力的时候，我也有想放弃的时候，但是转念一想，如果我放弃了，我的组员怎么办，于是也只能硬着头皮上了。你在享受职权带给你的福利的同时，也需要承担相应的责任。

在生活中也是一样的，小时候犯了错可以叫家长，躲在父母身后，长大后，上有老，下有小，凡事都会思考得周全一点。

犯了错你可以"甩锅"，也可以勇敢地承担责任。有的错你可以"甩锅"，但是同时你也会失去一些金钱买不到的东西（如信任、个人名誉、品牌形象）。我见过一些朋友，赚取第一桶金的时候不是那么光彩，以致后来他们的事业做大了，当人们议论起他们的时候，总会评论"××现在是好了，但是不建议跟他（们）深交，因为当年……"。在面对诱惑的时候，你收下的是好处，给人家的是把柄，世上所有的好处都是有代价的。讲原则，有底线，能让我们走得更长远。人之所以是高级动物，是因为我们懂得约束自己的行为。

我们在做新业务时难免踩坑翻车，但在尝试和犯错中会慢慢成长。祝愿大家都可以成为一个无愧于心、坦坦荡荡、有担当的人。

> 韧性

有的人靠资源赚钱，有的人靠技术赚钱，有的人靠体力赚钱，每个行业都有不同的生存法则，但是都充满了变化与挑战。个人的焦虑似乎也没什么用。我们也许不是缺少机会,而是缺少面对困难和随时可以从头再来的勇气。我一直相信,有本事的人走到哪里都饿不死。我们不要一直想着怎么饿不死,要想办法成为有本事的人。

看一个人行不行,可以看他面对困难和挫折时的韧性。我们只管做好自己能做的,拼尽全力,至于能不能成功,会受到很多因素的影响。人生不可能永远一帆风顺,大部分时候,我们都在寻找机会,等待机会。当机会没有到来的时候,我们也要学会蛰伏,做好充分的准备,等时机到了,一鼓作气抓住它。

希望大家永远不要放弃希望。即便你失业了,经济困难,也可以尝试找一份兼职过渡一下,别轻易否定自己。你可以对自己说,反正现在已经是最差的状况了,不会更差了,怎么走都是往上走,一切都会慢慢好起来的。

只有经历过一波一波风浪的人,才能越来越有本事。

我在小升初的时候,从镇上的小学升到了城里的初中,城里的孩子三年级就开始学英语了,而我是六年级快毕业时才开始学的,他们的基础已经可以写作文了,我连 26 个英文字母都背不出来。学号是按成绩排名的,全班 35 个同学,我的学号是 31 号。有一位老师很不喜欢我,觉得我是"乡下"来的孩子,又野又不好好学习。于是我每天晚上在被窝里拿着手电筒背英语单词和课文,英语成绩从开学考的几十分,到期末考了 107 分(满分是 120 分),从 300 多名考进了前 100 名。我中考过了杭州的重点高中分数线,学校墙上还挂了我的照片。毕业时,老师对我的评价是:这个丫头还是很有魄力和骨气的。这让我第一次认识到,不要在意别人的评价,要用努力和结果让瞧不起你的人闭嘴并尊重你。

我也遇到过处不来的同事,当下做的就是忍耐,然后上一个台阶,超越他们。如果你只比别人强一点点,别人有可能嫉妒你,但如果你比别人强很多，他们就会佩服你。所以，如果他们不认可你，那就努力超越他们，让他们望尘莫及。

有一次做一个新业务，我想去某公司了解情况，于是我先打座机，了解到谁是相关负责人。之后，我跑到这个公司去找，跑空了两次，但第二次在离开这个公司的时候我将自己带的名片放在了各个座位上，结果下午这个负责人就给我打电话了，并约定了见面时间。我带上材料跑去，很快就把相关业务流程了解清楚了。我不认识什么人，也没有什么关系，就是一路顺藤摸瓜找过去的。每当遇到困难，我就会给自己打气：难才有机会，简单的事人人都能做。

在面临业务调整，团队将被解散的时候，我告诉自己：再争取一下，也许就有转机，一定有办法的。于是我就这样磕磕绊绊地走了过来。我一直记得我们学校的校训"只要有1%的希望，就要尽100%的努力"，在这里我也分享给所有正陷于困境中的朋友。

> 心态

现代人大多身体处于亚健康状态。健康分为身体健康和心理健康。打工人多少都有睡眠问题、三高问题、脱发症状……

我最胖的时候190斤，走两步就喘，也不想照镜子，更不敢去体检。对此，我做了很长时间的心理建设：100斤也好，200斤也好，我就是我，我首先要接受独一无二的自己，认可自己，好好爱自己，再思考我想成为怎样的自己，最后朝着这个方向去改变。

我用了将近两年的时间减了50斤，总结下来就是：控制摄入，吃出热量差；通过运动提升基础代谢速度；来日方长。

控制饮食，不是要少吃，而是要算热量；什么都能吃，但要注意热量，比如我减肥的时候也吃巧克力，把吃下去的热量消耗掉就可以了。减肥不难，但坚持真的很难。我们要养成一种可以长期坚持的作息习惯，加快基础代谢（简单讲就是增加每天正常会消耗的热量）速度。这和肌肉含量有关，肌肉含量多消耗热量就会比较多，我们可以多关注自己的体脂、围度。

关于运动困难，我开始运动时跑不动就快走，快走到走不动了就慢走，调整好了再快走，可以先从每次 20 分钟开始，再到每次 40 分钟。等适应了之后可以尝试慢跑+快走交替，快跑+慢跑交替，1 周 2～3 次户外运动、2～3 次室内垫子上运动，可以做一些核心和力量训练。我坚持了两个月就可以很轻松地快慢交替跑 3 千米了，5 个月可以快慢交替跑 5 千米了。后面体重下降了，我就开始做一些高强度的运动，但一定要拉伸，因为拉伸可以帮助我们更好地放松身体，缓解疲劳，也可以增强身体的柔韧性。

另外，运动是可以对抗压力的。有一段时间我特别焦虑，于是我开始夜骑，夜晚空气特别清新，路过灵隐寺还能闻到阵阵浓郁的桂花香，出一身汗，呼吸呼吸新鲜空气，烦恼和压力都没了。从坡上滑下来的时候超爽，感觉自己要起飞了，风是自由的，我也是自由的。

有一个好的身体才能更好地工作，因为互联网行业是一个快节奏、压力大的行业，身体不行是熬不住的。身体就像一部机器，如果不好好保养，零件很容易出问题，所以要经常运动，多喝水，定期体检。我曾因长期不吃早饭、喝水少得了胆结石，后来因频繁发作做了手术。好在公司给员工交了五险一金及商业险，医保报销后商业保险又报销了一部分。所以，在选择公司的时候我们也可以问问这些福利待遇，帮自己转移一些风险。

这里给大家分享我亲身经历的一件事。我的一位长辈的朋友，20 世纪 90 年代就是当地非常有名的老板，后来不幸被诊断出肺癌晚期。那个时候我还在上小学，长辈带我去看望他。他喃喃自语："钱有什么用，钱有什么用……"没几个月，曾经那么意气风发的一个人就没了。

也许我们没有积累很多财富，但有一个健康的身体，就很幸运了。心态真的很重要。我小时候总以为有钱就没有烦恼了，后来发现没钱有没钱的烦恼，有钱也有有钱的烦恼。俗话说，家家有本难念的经。有的朋友家里条件不错，夫妻之间不好好沟通，天天吵架，家庭氛围很压抑；有的朋友家里钱多得根本花不完，子女不上进，在家啃老，老人天天愁眉苦脸；还有的朋友因为家里拆迁拿了一大笔赔偿款，却存在银行舍不得花，最后被骗子骗走。每个人有每个人的活法，自己能力范围内的事情，认真对待；自己能力范围外的事情，乐观一点。人只要活着，就有希望。人的一生如果一直一帆风顺，也挺没劲的。经历过挫折和风浪的人，往往会更有魅力。

很多朋友觉得我这么乐观，一定成长在很幸福的家庭里。其实我生在一个重男轻女的家庭，是在打压式的教育环境里长大的，甚至被体罚过。最严重的一次被打得鼻青脸肿，鼻血浸透了T恤，原因是一个男同学打电话问我作业，我爸觉得我早恋了就跟我争论了起来，他说不过我就揍了我。后来，我学会了在这个家里的生存法则，不跟他对着干，努力让自己强大起来。

小学时我参加了体训队，有一次老师安排三年级的我和五年级的同学一起训练，我跑了最后一名，刚好我爸来接我，他看到后并没有鼓励我，而是对我说："丢人现眼，早知道就不来接你了。"他还常常跟我说，他就是喜欢弟弟，不管我做什么都没有用。

童年的我很不快乐，整个青春期我都很没有自信。不过，我挺会苦中作乐的。比如，我在放学后故意不回家，到操场滑梯边上捡钱、捡红领巾，或者我会在周末去低价批发老师让买的教材，再加1~3元卖给同学。

我用了很长的时间来治愈原生家庭带给我的创伤。我得出了一个结论：他们之所以会这样，是因为他们从小受到的教育就是这样的，他们只是延续了自己父母对他们做过的事情。如果我们不认可他们，就努力不要成为他们。

不要用别人的错误来惩罚自己。即使全世界都不爱你了，自己也要学会爱自己，只有你自己爱自己，别人才会来爱你。我一直在努力，不让自己变成他们，因为他们一直在延续自己遭遇过的不幸，而我选择不做那些曾经让我觉得受伤的事情，只做给我留下快乐回忆的事情。我爸每次剥完柚子就会把柚子皮做成一个帽子给我玩，现在我也会这样跟我的孩子玩。而且我看到柚子就会想到，我也曾经被用心对待过，而那些童年时期的快乐回忆，在我遇到困难时会让我生出无限勇气，让我更有韧性。他不是不爱我，只是他没有被温柔地对待过，所以他不知道该如何控制对家人的负面情绪，也不知道如何温柔地释放自己的情感。

我爸常挂在嘴边的一句话就是：家里的财产都是给你弟弟的，最多你结婚的时候给你陪嫁一辆车。我说：我什么都不要，我想要的都会靠自己得到。我大学的时候就开始做家教、开网店、摆地摊。从经济独立的那一天起，我就自由了，他们再也无法左右我的人生了。现在我靠自己的努力买房买车，我觉得这样挺好的。

成年后我发现了一件很可怕的事情，我的沟通方式变得跟家人如出一辙：习惯用反问句回答问题，习惯嘲讽别人，习惯挑刺，习惯评价别人，看不到他人的优点，非常易怒，控制不了自己的情绪。我成长为自己最讨厌的样子。我很不快乐，对什么都提不起兴趣，我也不知道未来会是怎样的。因为不懂得情绪管理及情商低，我吃了很多亏。

所幸我遇到了对我帮助极大的一位同事章广龙，他在沟通和情商培养方面给了我很多建议，还鼓励我去看心理医生。他简直就是我情商的启蒙老师。他告诉我的那几点让我受益至今。

（1）有研究证明，原生家庭对人的影响是伴随一生的，但是我们可以选择正面的影响。

（2）先承认对方的情绪，然后回到问题，提出解决的办法；情绪不好就先不沟通，消化之后再沟通；积极交换信息和感受。

（3）我现在脾气不好是事实，但是脾气差不是不能改变的，我可以通过刻意练习做出改变。

之后，我开始格外注意自己的沟通方式，大概一年半后，我第一次收到了来自一位女同事"情商高"的评价。我非常开心，我通过努力改变了自己不好的地方，成了更好的自己。我的心态也随之有了很大的改变。

我一直努力和原生家庭带给我的负面影响对抗。有一次，我的心理医生告诉我：往往对自己要求高的人、优秀的人才会有特别大的压力，其实我已经做得很好了；并且我自己意识到了自己的问题，积极做治疗，这说明我从来都没有放弃过自己，我其实是一个很强大的人。

在自己纠结的时候，我们可以多问问自己：这个想法是真实的吗，它对自己有帮助吗？

这里我想分享一下最近看了《蛤蟆先生去看心理医生》后的感想。

（1）父母可能宠爱孩子，也可能虐待孩子，拥有怎样的父母就像买彩票一样，不可预测。

（2）孩子从经验中学到生存的策略，发展出行为方式以应对父母和其他人。

（3）成长的本质就是减少和打破依赖关系，成为一个独立自主的人。

（4）学会不带攻击性地发火，缓和地释放愤怒，怄气是输家对赢家做出的反应。

（5）没有一种批判比自我批判更强烈，要学会停止自我批判，要爱自己。

我们要学会自我治愈：理解情绪—控制情绪—照顾情绪。

我现在学会了不再苛责自己，生命很宝贵，把时间留给有意义的事情和让自己开心的事情。我开始做小时候没有机会做的事情：不仅学习了插花、茶道，还学习了咖啡拉花、调酒、拉丁舞。我有时候中午不吃饭去健身，再点个外卖回工位；有时候下了班给自己调杯金汤力；有时候周五下班后带娃去海边玩两天。我过上了自己想要的生活，成了自己想成为的人。

我从对什么都不感兴趣到开始热爱我的生活和工作。

关于工作，我听过这样一个故事。一个过路人问三个正在凿石的石匠在做什么。第一个石匠说他在挣钱过日子；第二个石匠说他在做全世界最好的凿石工作；第三个石匠抬起头来，眼中闪烁着光芒说："我在建造一座大教堂。"当工作成为一种实现自我价值的手段时，工作就不仅仅是谋生的工具了，更是你物质和精神回报的源泉。

日本的"经营之王"稻盛和夫这样强调工作的意义：在人类的活动中，劳动带来至高无上的喜悦，工作占据人生最大的比重。如果不能在劳动和工作中获得充实感，那么即便在别的方面找到快乐，最终我们仍然会感觉空虚和缺憾。认真工作不只能带来成就感和充实感，还能起到修行的作用。

其实我们的很大一部负面情绪来自比较与被比较，来自过于着急，刚付出一点点努力就想看到结果。要知道很多事情不是一蹴而就的，想让自己变好是好事，但别让这些压力把自己压垮，要给自己时间。要把一件困难的事情当作一个挑战，拼尽全力，成功自然好，失败了也不要太苛责自己，在复盘中积累经验就会成长。拿做业务来讲，赔钱了就当交学费了，后面再赚回来就行。钱没了是小事，人在就有希望。如果迷茫了，遇到瓶颈了，就努力找出路，多和朋友聊聊，多尝试，使劲折腾。这些都是经验，我现在越来越不在意 35 岁就失业这类事情，只要业务水平高，有丰富的经验，就有足够的安全感。对于一样的问题，老手和新手处理的方式肯定是不同的，只要新手不是十年如一日没有成长就好。

历史上伟大的人大多经历过很多挫折、失败，为什么他们能失败，我们普通人不能失败呢？乐观主义者往往会在极度不安中寻找机会，虽然这些机会在悲观者看来很渺茫，但是很多事情正是因为难才有机会，找到了解决办法也就成功了。

我的第一次觉醒是在全职带娃时期，那时的我非常没有安全感，我不甘心就这样过一眼看到头的日子，我只想抓住一个机会找一份工作。第二次觉醒是在业务团队面临解散的时候，我先是为团队争取了一段缓冲时间，然后重新调整了业务方向，最后通过大家的努力让团队起死回生了。我从基层业务人员成长为项目负责人，开始接触到各种各样厉害的人。

一定不要给自己设限，多尝试才能找到适合自己的发展路径。一定不要被动地等待，不要抱怨没人教你，不要抱怨太难了，要从被动思维转变为主动思维，思考自己擅长什么、能产出什么价值、能争取到什么资源等。如果真的遇到过不去的坎儿了，可以找同事、朋友聊聊，也可以向有经验的前辈请教。

生命本没有意义，是我们赋予了生命意义。有的人在这个世界上是为了把 70 年活成 1 天，有的人是为了把 1 天活成 70 年。祝愿大家都能照顾好自己的身体和心理，做一个乐观且勇敢的创造者，去开辟自己的天地，最坏的结果不过是大器晚成。

当我们阶段性地回望过往时，只要觉得自己一路走来，成长了这么多，做了这么多有意思的事情，就值了。没有遗憾的人生该多么无趣，去做一个勇敢、真诚、有趣的人吧！

如果我们无法被光照耀，那就努力让自己发光。

永远不要放弃自己。

永远不要停下来，去成为自己想成为的人。

非常感谢所有的读者，在这个快节奏的环境下还愿意花时间看我的书。我不是什么所谓的大咖、大神，只是一个普通的互联网行业打工人。我只是没有放弃自己，坚持学习，努力去成为更好的自己，去过自己想过的生活。

我在写书过程中一直处于在职状态，所以进度不是很快，互联网行业日新月异，如果有一些内容"过气"了还请大家海涵。全书仅围绕我操盘过的项目，以及身边的合作方、同事的经历进行了一些分享。如果大家有一些业务问题想交流，可以通过我的公众号"斐斐不会飞"找到我的微信联系方式，也可以在公众号留言，我会定期和大家交流。

非常感谢电子工业出版社的工作人员，尤其是编辑欣怡老师，她非常认真负责。我的初稿错别字连篇，语病百出。难以想象编辑是怎样一种需要耐心和专业知识的工作，出一本书，编辑需要付出的心血绝不比作者少。实在太辛苦了！

感谢帮助过我的朋友们——

感谢网易知识公路、网易 LOFTER、网易蜗牛读书的同事们，感谢我的主管李宝泉，感谢我的同事章广龙、苗青青、周灵瑜、童颖瑞、达志、乡谣，感谢网易蜗牛读书馆的同事张兴、周逸，感谢我的前同事庞博、王瑞刚、裴益蔚、黄晓佩……其实，很多忙都是可帮可不帮的，但是他们一直不计回报地帮助我，这是他们的善举，也是我的幸运。

感谢杭州滨江区人社局各位工作人员的耐心指导；

感谢中国轻工业联合会的曹峰老师；

感谢正阳职业技术培训学校的罗瑞峰、龚贤明校长；

感谢杭州加一点文化传播有限公司的全润华总经理；

感谢一周进步创始人珞珈老师；

感谢浙江省企业师培训协会的彭建老师、盛叶老师。

感谢《引爆微信群》的作者老壹老师、陈栋老师，《从零开始做运营2》的作者张亮老师，秋叶老师，《运营笔记》的作者类类老师，《超级转化率》的作者陈勇老师，《文案变现》的作者叶小鱼老师，《影响力变现》的作者徐悦佳老师，《社群新零售》的作者袁海涛老师。

感谢大家对我的帮助和支持，感谢大家的一路同行！